Das schmale Werk der Essays von Elsa Morante entstand zwischen 1950 und 1965. Es ist ein sehr persönliches Buch, dessen Publikation von der Schriftstellerin zu Lebzeiten zwar beabsichtigt, dann aber wieder verworfen wurde, so daß es erstmals posthum 1987 in Italien erscheinen konnte.

Der Band enthält unter anderem Essays über den Roman, über die Erotik in der Literatur, den 1965 gehaltenen Vortrag ›Für oder wider die Atombombe‹ und – glanzvoller Höhepunkt: den Essay über den florentinischen Maler Beato Angelico.

In der Vielfalt der behandelten Themen erscheint die Verantwortung des Schriftstellers gegenüber der Wirklichkeit, *seine* Erfahrung von Wirklichkeit und ihre literarische Durchdringung zentral. So ist der Essay ›Für oder wider die Atombombe‹ ein wohldurchdachtes »J'accuse«, das die finsteren Zeremonien des Fortschritts und des Konsums anprangert und die Bewahrung der Schöpfung zu einem Anliegen der Literatur, ja der Kunst machen möchte. In den hier versammelten Essays wird jene Entwicklung sichtbar, die Elsa Morante von ihren frühen Romanen hin zu ›La Storia‹ führte, »dem Requiem für alle vergangenen und zukünftigen Bombardements« (*Cesare Garboli*).

*Cesare Garboli,* der Herausgeber des Bandes und langjährige Freund Elsa Morantes, erörtert in seinem kenntnisreichen Vorwort den Stellenwert, der dem Werk der Essays im Gesamtschaffen der Schriftstellerin zukommt. Vor allem aber ist seine Einführung eine beeindruckende Hommage an die von ihm verehrte und in ihrer ganzen Widersprüchlichkeit gesehene Freundin.

*Elsa Morante,* 1912 in Rom geboren, schreibt schon als junges Mädchen Gedichte und Märchen. Mit 18 Jahren verläßt sie ihre Familie und beginnt mit dem Studium der Philosophie, das sie wegen finanzieller Schwierigkeiten abbricht. 1941 Heirat mit Alberto Moravia. Ihr erster Roman ›Lüge und Zauberei‹ erscheint 1948. 1957 erhält sie den Premio Strega für ›Arturos Insel‹, den Roman einer Kindheit. Internationale Anerkennung und Popularität verschafft ihr ›La Storia‹. ›Aracoeli‹, ihr letzter Roman, erscheint 1982. Elsa Morante stirbt 1985 in Rom. Im *Fischer Taschenbuch Verlag* erschienen: ›Der andalusische Schal. Erzählungen‹ (Bd. 9144), ›Aracoeli‹ (Bd. 5982), ›Arturos Insel‹ (Bd. 5981) und ›Traumtagebuch‹ (Bd. 11584).

Elsa Morante

# Für oder wider die Atombombe und andere Essays

Mit einem Vorwort von Cesare Garboli

Aus dem Italienischen von Maja Pflug

Fischer Taschenbuch Verlag

Veröffentlicht im Fischer Taschenbuch Verlag GmbH,
Frankfurt am Main, September 1994

Lizenzausgabe mit freundlicher Genehmigung
der Arche Verlags AG, Raabe + Vitali, Zürich
Die italienische Originalausgabe erschien 1987
unter dem Titel
›Pro o contro la bomba atomica e altri scritti‹
bei Adelphi edizioni s. p. a., Mailand
Für die deutsche Ausgabe:

Gesamtherstellung: Clausen & Bosse, Leck
Printed in Germany
ISBN 3-596-11585-x

*Gedruckt auf chlor- und säurefreiem Papier*

*Inhalt*

*Vorwort*
*von Cesare Garboli*

Eines Nachmittags vor vielen Jahren – wir saßen allein in einem Café – seufzte Elsa Morante, nachdem das Gespräch eine Wendung genommen hatte, an die ich mich nicht mehr erinnere: »Willst du wissen, was mein wirklicher Fehler ist? Etwas, woran niemand denkt. Aber ich weiß genau, was es ist... nämlich die *pesanteur*«, und sie betonte jede Silbe einzeln, *pe-san-teur*, indem sie mich fragend ansah, um zu prüfen, welche Wirkung ihre Worte auf mich machten. Heute bedaure ich, daß ich jenem Geständnis nicht die gebührende Wichtigkeit beimaß – mir entschlüpfte ein eher höflich konventionelles Lächeln. Elsa Morante hatte ein Wort gebraucht, das in seiner mehrfachen Bedeutung und in dem symmetrischen Gegensatz zu *grâce* das Entgegengesetzte von all dem in sich vereinte, was sie am Leben, an der Kunst, an der Natur, an den Menschen, an den Tieren, an den Kindern, an der Musik Mozarts oder an den Gedichten Sandro Pennas am meisten liebte – das, was nicht »schwer« ist, was nicht von unten angezogen wird, was leicht und frivol erscheint und es nicht ist, was flüchtig ist und kein Gewicht hat, was ewig lebt und nicht länger dauert als einen Augenblick, wie das Lächeln eines

Geliebten oder ein Tag voller Glück. Sie hatte das Wort barsch gebraucht, ohne Gnade und auch ohne es zu verharmlosen; sie machte deutlich, daß es sich um einen Fehler handelte, der interpretiert werden mußte, einen an Bedeutungen sehr reichen Fehler, und daß es sich vielleicht gar nicht um einen Fehler handelte, sondern um eine Schuld.

*Pesanteur*, Zitat aus einem erlesenen und berühmten Titel, war ein »schweres« Wort: Simone Weils Französisch war dazu berufen, es leichter zu machen; oder besser gesagt, es richtigzustellen und zu präzisieren, indem die unmittelbarste Bedeutung von »Schwere« erweitert wurde um die – angemessene – Bedeutung von »Schwerkraft« (*loi de pesanteur*) und somit um den abweichenden Zusatz einer kulturbedingten und intellektuellen Unterbedeutung. Kurz, Elsa hatte gebeichtet – sie hatte bekannt, eine »schwere« Frau zu sein –, doch sie hatte zuviel gebeichtet, sie hatte sich auf zwei verschiedenen Ebenen bezichtigt. Sie hatte sich eines hassenswerten Fehlers bezichtigt, und in ihm waren – wie in einer Wurzel – all die anderen zusammengefaßt, die ihr, wie sie spürte oder wußte, zum Vorwurf gemacht wurden – Pedanterie, Despotismus, die Unfähigkeit zu vergessen und sich selbst zu vergessen, das Bedürfnis, immer Lektionen zu erteilen, die Manie, das Pünktchen aufs i zu setzen und die eigenen Ideen sowie die der anderen gleich einem Gendarm zu kontrollieren. Zugleich hatte sie diese häßlichen Fehler auf eine metaphysische Bedingung und auf einen moralischen Fluch zurückgeführt: das Hängen an Genüssen und am Leben und das nach unten gewandte Denken, das sich um die Bedürfnisse und Forderungen des eigenen Ichs dreht. »Ich bin wirklich schuldig«, sagte sie oft zu mir, »weil ich *weiß*, wie ich leben müßte, wie man leben sollte. Ich *weiß*, was ich tun müßte. Aber ich bin nicht dazu fähig, ich habe nicht den Mut und die Kraft dazu.«

Das war eine *pesanteur*, die nicht im Zeichen eines Fehlers stand, die weniger psychologisch und wenn schuldhafter – denn nach Elsa Morante mußte man zu nichts werden, in Verlust leben, *»se réduire au point qu'on occupe dans l'espace et le temps. A rien«*, zu dem Punkt werden, den man in Raum und Zeit darstellt, zu nichts –, doch in gewisser Weise auch erträglicher war: nicht Mangel einer Naturbegabung, einer Seeleneigenschaft – die erhabene Unschuld der wenigen Glückseligen –, sondern eine Schuld, ein Sündenfall, für den man Tag um Tag büßen mußte, die Schuld eines vernunftbegabten Wesens – das zu intelligent war, um nicht von echten Gewissensbissen zu leben.

Jetzt, da ich darüber nachdachte, wüßte ich dieses Geständnis nicht zu datieren und würde den Zeitpunkt doch gern genau bestimmen. Wann ist es gewesen? Vielleicht drei oder vier Jahre, bevor Elsa Morante *La Storia* schrieb, oder noch früher? Oder später? War es 1966? 1967? Elsa Morante begann damals, oder bald danach, sich zu verändern: Sie machte eine auch körperliche Metamorphose durch. Es war, als habe eine fremde Macht von ihrem Körper Besitz ergriffen und stehe auch ihrer Seele feindlich gegenüber. Sie alterte, doch das plötzliche Auftreten des Alterns war eine Bedrohung, die von außen kam, eine Botschaft der Außenwelt gewissermaßen; etwas mehr und etwas anderes als eine natürliche organische Veränderung. Man kann altern und sich dabei gleich oder ähnlich bleiben; aber Elsa Morante wurde dieses – ich weiß nicht, ob ich sagen soll – Privileg oder gewöhnliche Schicksal nicht zuteil: Sie wurde ein anderer Mensch, und sie verlor oder tötete in sich die Freude an ihrer Anmut. War es eine Möglichkeit *de se réduire à rien, disparaître* – zu nichts zu werden, zu verschwinden? All dem, was bisher für sie Vorbild im Leben gewesen war, schwor sie nicht ab, doch sie hörte auf, es als ein Gut zu betrachten, das ihr gehörte. Sie begann sich gerade von der Person zu distanzieren, die sie an sich selbst am meisten geliebt hatte – von der Person, die die zauberhaftesten Seiten schrieb, welche der Leser in diesem Buch finden wird, vom Lob der Frivolität bis hin zu den Plaudereien über die Piazza Navona. Diese Verwandlung war nicht der Grund oder die Folge, sondern das Zeichen, daß die Zeit der Gnade zu Ende war. Elsa Morante fing an, sich zu verändern, weil sie innerlich endlich verstanden und beschlossen hatte: Sie war anders als ihre Vorbilder, sie hatte nichts »Göttliches« und würde es nie haben. Sie hatte nichts von Rimbaud, von Penna, von ihrem jungen Freund Bill Morrow – sie unterlag dem Gesetz der Schwerkraft, der *pesanteur*.

In jenen Jahren entstand das Projekt, die wenigen hier versammelten *Essays* – die Seiten über Beato Angelico waren damals noch nicht geschrieben – zusammenzustellen und einen kleinen Sammelband für den Saggiatore daraus zu machen. Der Sammelband war Elsas Idee, aber es war ein sehr wankelmütiges Projekt. Der Wunsch, diese Essays in Umlauf zu bringen, war genauso groß wie der Wunsch, sie zu begraben. Elsa Morante war sich auch über den Verleger unsicher. Es war kein Band, so schien ihr, den man mit den anderen Werken bei Einaudi in eine Reihe stellen konnte; in gewisser Weise wollte sie das Buch verbergen, es erscheinen lassen und doch weiterhin für sich behalten. Sie hegte jedoch Sympathie für Alberto Mondadori, und ich arbeitete damals beim Saggiatore. Sie fühlte sich beschützt. Vielleicht genügte es ihr, sich beschützt zu fühlen, ich weiß es nicht. Sie änderte ständig ihre Meinung, und plötzlich wurde mir bewußt, daß eben dies, ständig die Meinung zu ändern und sich immer aufs neue zu prüfen, indem sie vorgab, ein Buch zu planen, ihr eigentliches Anliegen war. Manchmal dachte sie daran, alle Essays zusammen in den Band aufzunehmen, dann überlegte sie es sich anders und hielt nur den Vortrag *Für oder wider die Atombombe* eines Interesses für würdig, während sie die Artikel für *Il Mondo* verwarf oder nur die kleine Arbeit über die Typologie der männlichen Charaktere – Achilles, Hamlet, Don Quixote –, die für sie eine Lebensphilosophie enthielt, und die andere über Andrej Bolkonskij noch gelten ließ. Ich versuchte nie, sie zu drängen, und beschränkte mich darauf, mit dem Auge den Ausschlägen des Pendels zu folgen. Ich wohnte damals in Rom, in der Via San Sebastianello, und war nur durch die Länge der Via del Babuino von Elsa Morantes Haus getrennt. Eine Weile trafen wir uns oft, immer öfter. Dann trat eine Pause ein, und in jener Pause machte der Saggiatore Bankrott. Das Projekt löste sich in Rauch auf. Ich hatte jedoch ein Inhaltsverzeichnis für den Band entworfen. Es existiert noch, Elsa Morante hat es zusammen mit den Fotokopien der Texte in derselben Mappe von damals aufbewahrt, auf der, von ihrer Hand, geschrieben stand: *Essays.* Ich habe es vor einigen Tagen wiedergefunden. Es entspricht, wenn man der Aufzählung den Essay über Beato Angelico hinzufügt, der Übersicht in diesem Buch.

Jetzt erinnere ich mich: Es war später, Anfang der siebziger Jahre, daß Elsa Morante mir anvertraute, sie empfinde sich als »schwere« Frau – oder fröne, wenn man so will, der Sünde der *pesanteur*. Die Entdeckung der *pesanteur*, der plumpen und lächerlichen Lage eines ungelenken Tieres, das vom Göttlichen getrennt ist, stellte sich wahrscheinlich als moralische, intellektuelle Auswirkung einer dunklen körperlichen Empfindung dar. Elsa Morante spürte, oder besser sie erahnte im Geist, noch bevor sie es erlitt, all das Bedrohliche und Geheimnisvolle, was ein paar Jahre später in der Tiefe ihres Körpers vor sich gehen sollte. Und damals dachte sie an die Gnade, die sie immer gesucht und sich erträumt hatte, wie an ein Zerrbild und einen sich selbst Lügen strafenden Spiegel. Es waren die Jahre von *La Storia*. Das Gefühl, daß sie als allererste einer verkommenen und verfälschten Welt angehörte, in der jedes Geschöpf, um zu überleben, dazu verdammt ist, sich zum Instrument all der Macht zu machen, über die es verfügt – zum Henker zu werden, um zu leben –, bahnte sich Ende der sechziger Jahre nach und nach einen Weg in ihr. Doch als wir über unser Projekt diskutierten und uns bei Babington trafen, das waren noch Jugendjahre – so erinnere ich mich an sie –, Jahre noch frühlingshafter Stürme, unvermittelter Euphorien, Windstöße der Heiterkeit, wenn auch ab und an getrübt von dunklen Wolken einer bedrückten, düsteren Stimmung. Da war noch kein Platz für die *pesanteur*. Elsa Morante war zu jener Zeit ein wildes, begeistertes, kapriziöses, kindliches

Wesen, und unsere Begegnungen waren von Mal zu Mal Kräche und Versöhnungen. Denn im vertrauten Umgang war Elsa Morante eine Kannibalin; Krieg zu führen, war ihre Art zu leben; man mußte bei ihr angreifen und sich verteidigen, zubeißen und sich beißen lassen. Die aufrichtigste Lustigkeit, die kindlichste Gutgläubigkeit, die Freude, andere glücklich zu machen, wechselten ohne Pause ab mit dem grausamen Wort, und die gegebene und geforderte Liebe ging über in das Bedürfnis, zu verletzen und verletzt zu werden, so wie am heitersten Himmel eine harmlose Trübung die Ankunft bedrohlicherer Wolken verkünden kann. Sie hatte noch jene Art zu lachen, ungläubig zuerst, fragend und dann plötzlich schallend – ein Lachen, das von den kurzsichtigen, zusammengekniffenen Augen ausging und mit wehrloser, wahrhafter Kindlichkeit auf Beifall wartete –, und jene Art zu sprechen, die so *engageant* war, singend, melodisch, wobei sich hohe und tiefe Register, scharfe Töne und weiche Stimmlagen mischten. Ein wenig von dieser Anmut, die in den Schriften der fünfziger Jahre triumphiert, im Loblied auf die Piazza Navona und in den kurzen Artikeln für *Il Mondo* – sie wirken, als wären sie mit der Stimme geschrieben –, lebt auch in dem strengen, haarsträubenden, wütenden Vortrag über Leben und Schicksal des Schriftstellers im »Atomzeitalter« fort, der diesem Buch den Titel gibt. Der Vortrag stammt aus dem Jahr 1965, und wahrscheinlich waren es diese Seiten, die Elsa Morante nicht lange darauf zu dem Projekt anregten, ihre Überlegungen zusammenzufassen. Mächtiger noch als die Ideen war in Elsa Morante die große Lust am Spiel; diese Lust äußerte sich vehement, ohne daß es ihr bewußt war, verwandelt in dem Bedürfnis zu schreiben – und das war die Form, die wahre Form ihres Talents. Aber es war keine Freude. Es war, wie bei manchen Kindern, die den Reifen und den Ball von Gleichaltrigen betrachten, das Fortbestehen eines unerfüllten Gedankens; dieser Gedanke schlug, wenn er plötzlich ins Bewußtsein drang, in Zorn um, in Wut und nahm die Form der Laune und der Pedanterie an. Viele von den Liedern einer frechen Spielfrau, einer marktschreierischen Bänkelsängerin in ihrem Buch *Il Mondo salvato dai ragazzini* weisen diese Kombination auf, zwischen der Aufrichtigkeit des Spiels und dem leicht zwanghaften Feiern, immer gegen etwas oder jemanden, die den unduldsamen und verletzten Seelen eigen ist. Auch in *Für oder wider die Atombombe* werden ungeduldige Töne vernehmlich. Wenn Elsa Morante in ihr Italienisch bestimmte Anklänge an den römischen Dialekt mischt, kann der Verdacht aufkommen, daß sie leidet.

Dem Anschein nach ist der Essay *Für oder wider die Atombombe* ein wohldurchdachtes *J'accuse*, genau belegt mit Argumenten gegen die Irrealität des gegenwärtigen Lebens, das verdunkelt wird von dem Gespenst – der Versuchung – des atomaren Selbstmords und der Reduktion jeder Existenzform auf die finsteren Zeremonien des Fortschritts und des Konsums. Geschrieben zwischen 1964 und 1965, fällt er in die ersten Jahre des ideologischen Triumphes der *middle class* und spiegelt in seinen breitgefächerten Interessen eine ganz und gar italienische Sichtweise. Man kann also seine Pünktlichkeit bewundern, die Promptheit der Reaktion; Elsa Morante archiviert sich selbst, sie spürt den Untergang der fünfziger Jahre, erfaßt intuitiv, daß es in der Literatur nicht mehr an der Zeit ist, sich mit dem Erhabenen aufzuhalten, wie etwa in *Liebe und Zauberei* und *Arturos Insel*. Sie fühlt, sieht, daß das Problem ein anderes ist: die Poesie als Aktion, als Einmischung, Entscheidung zwischen einem Lebensplan und einem Todesplan. Der Essay ist als problematisches Selbstporträt zu lesen, als dramatisches »Was tun?« einer Schriftstellerin und Poetin, die in die Realität verliebt ist, unterdrückt und bekümmert nicht nur durch die mörderische Strategie eines Systems von organisiertem Schwachsinn, sondern auch durch die unaufhaltsame serielle Produktion der eigenen Faksimiles – die Höflinge, wie Elsa Morante sie nennt, die Parasiten der Bombe. Man kann *Für oder wider die Atombombe* auch wie eine literarische Stellungnahme lesen. Allerdings sind meiner Ansicht nach weder der soziopolitische Background noch der theoretische Ansatz des Essays als seine interessantesten Aspekte zu sehen. Der schwache Punkt in diesem Essay liegt gerade in seiner Logik: Im Vergleich zu der geheimnisvollen und phantastischen Komplexität der großen Liebe Elsa Morantes zur Realität – einer verletzlichen, beklommenen Liebe voller Furcht, die Zerbrechlichkeit ihres Gegenstandes zu verlieren – ist sie unterlegen, unpassend, so folgerichtig und so binär, daß sie abstrakt wie ein Handbuch erscheint. Elsa Morante besaß eine große intellektuelle Leidenschaft, aber – im kreativen Sinn – keinerlei wissenschaftliche »Seele« (jene, die jeden wahren Wissenschaftler davon abhält, seinen Ideen so zu dienen, als wären sie sein persönliches Anliegen); die Wahrheit, die Konkretheit, das Geheimnis der Realität mußten sich, um zu ihr zu sprechen, um sich bei ihr Gehör zu verschaffen, um ein Feuer versammeln und sich von der Vorstellungskraft fortreißen lassen wie von einer großen mystischen Kraft, ähnlich einer Halluzination oder einer Droge. War das Aufflammen dann vorbei, konnte der Geist – die Erinnerung – die Reste aufsammeln, sie bergen, sie zusammensetzen, wie man es eben mit den Überbleibseln eines Feuers tut; aber die Wirklichkeit jenes Abenteuers, jener phantastischen und intellektuellen Erfahrung der Welt verging niemals, im Unterschied zu anderen analogen poetisch-religiösen Erfahrungen – wie beispielsweise bei Simone Weil – durch die Reinheit der Logik.

Der Name Simone Weil fällt hier nicht ohne Grund. Zu einem bestimmten Zeitpunkt ihres Lebens stand Elsa Morante, die sich ja gut in orientalischen Schriften und Philosophien auskannte, in der Schuld, tief in der Schuld der Theologie der Marseiller Hefte. Auch der Entschluß, zur direkten poetischen Aktion im Sinne einer unverzichtbaren Handlung – zu tun, was man nicht unterlassen kann – überzugehen, und auch das Bedürfnis, die eigene Vergangenheit als Romanautorin im Licht der erworbenen Kenntnisse einer Eingeweihten neu zu betrachten, wurde möglicherweise durch die Weisheiten der *Cahiers* befördert: Die intellektuelle Strenge, das Unpersönliche, die Kälte, das Enzyklopädische, jener Hauch unfehlbarer und unerschütterlicher Allwissenheit, der die *Cahiers* durchzieht, die durchsichtige Klarheit, die Einfachheit, die Bescheidenheit, mit der Simone Weil die Vorgänge der Mechanik auf die Angelegenheiten der Psychologie und der Geschichte überträgt – all das mußte höchst verführerisch auf Elsa Morante wirken. Die Anmerkungen, die Kommentare, die dicht mit Hinweisen beschriebenen Ränder der *Cahiers* deuten auf einen häufigen, unersättlichen Gebrauch hin. Die Bände sind so abgenutzt, so zerlesen, daß man sich fragt, ob diese leidenschaftliche Lektüre, diese so innige

Beziehung mit der sublimen und negativen Erfahrung der *Cahiers* in Elsa Morantes Wesen nicht einen, ich sage nicht kranken oder parasitären, aber in gewisser Weise fremden Keim gelegt hat; so als finge eine in der Erde gebliebene Wurzel plötzlich an, einer anderen Pflanze zu helfen, auf eine Weise weiterzuwachsen, die nicht die ihre ist. Vielleicht bildete sich in Elsa Morante, ohne daß sie es wollte, ein »Simone-Weil-Komplex«, zumindest nach der unerwarteten Wendung zu urteilen, die das Verhältnis zum eigenen Ich gerade in den Jahren des Essays *Für oder wider die Atombombe* in ihr nahm. Auf einmal begann Elsa Morante sich zu hassen – sich »niederzumachen« –, genau in dem Augenblick, als sie begann, einen in die Mysterien eingeweihten Dichter aus sich zu machen. Und über dieses dramatische und komplizierte Ereignis liefern uns die Seiten von *Für oder wider die Atombombe* indirekt kostbare Informationen. Der Essay läßt sich nicht nur als eine Art ideologischer Zwischentitel lesen, der Elsa Morantes Werk zweiteilt, in ein Vorher und ein Nachher, er ist auch der Schleier, die Maske, die ein Schriftsteller über das Geheimnis der eigenen literarischen Schöpfung geworfen hat. Was hat *Lüge und Zauberei* in *La Storia* verwandelt, und Arturo in Manuel? Und was ist wahr an dem, was Elsa Morante uns sagt, wenn sie uns zu überzeugen sucht, daß der Erzähler von *Arturos Insel* schon, bevor er Bewußtheit erlangte, ein wissender Schriftsteller war?

Gegen Mitte der sechziger Jahre unterzog Elsa Morante, wie es häufig vorkommt, ihr Leben einer retrospektiven Interpretation. Sie war ein auf reizende Weise narzißtisches Geschöpf gewesen und hatte lange wie verzaubert gelebt. Mit ihrem pausbäckigen Gesicht, den sanften, ein wenig trüben Augen, in jeder Koketterie erfahren und zutiefst unschuldig, war sie zu einem Maß an Überlegenheit verurteilt, das ihr die Freude nahm, sich geliebt zu fühlen, oder sie zu der Unmöglichkeit, geliebt zu werden, zwang. Doch ein seliger Narzißmus entschädigte sie für diese Melancholie und hatte ihr erlaubt, sich in ihren Romanen auszudrücken, ohne je ihr Ich durchscheinen zu lassen. Sie hatte sich, wie ein Gott, der sich von der Schöpfung zurückzieht, demjenigen geschenkt, der, wie Elisa oder Arturo, für sie erzählte: »Alibi«, »Dolmetscher« nannte Elsa Morante diese vortragenden Stimmen, und sie rechtfertigte sie in einem Essay über den Roman, den der Leser in diesem Buch finden wird, mit der Relativität der wirklichen Dinge. Von dieser für sie ruhmreichen und, wie man heute sagt, vielleicht kreativ befriedigendsten Zeit habe ich keine direkten Kenntnisse. Doch beziehe ich mich auch nicht nur aufs Hörensagen. Als ich Elsa Morante kennenlernte, konnte man sich, wenn man sie beobachtete, noch eine Vorstellung machen von der selbstvergessenen Seligkeit, aus der heraus *Lüge und Zauberei* und *Arturos Insel* entstanden waren; denn eine Spur davon war noch übrig, fast sichtbar in dem Nebel, der bläulich ihre stirnrunzelnde Gestalt umschwebte – gewiß ein Widerschein ihrer Kurzsichtigkeit – und ihre Art, wie von ferne zu lächeln. Sie war noch verheiratet und lebte mit Moravia, doch bald darauf trennte sie sich, und diese plötzliche Emanzipation machte sie fassungslos. Wahrscheinlich hatte sie, wie alle kindlichen und katzenhaften Naturen, die sich an die Menschen hängen, als wären die Menschen Orte, schon immer Einsamkeit mit Unabhängigkeit verwechselt, und als sie dann plötzlich allein lebte, mußte sie sich bücken und ihren ganzen Stolz vom Boden aufsammeln, um einer Verstümmelung standzuhalten, die sie nicht begriff. Sie hatte sich nie für schön gehalten, aber es war ihr unmöglich, an sich selbst zu denken, ohne sich mit ein wenig Geheimnis zu umgeben. Sie fürchtete das Alter nicht, und es fehlte ihr auch nicht an der nötigen seelischen Kraft, um den körperlichen Verfall zu ertragen. Doch war sie nicht in der Lage, an sich selbst wie an ein Bild ohne Anmut zu denken. Das war ihr unerträglich. Die Schönheit im Schauspiel von sich und der Welt zu erkennen, war für sie eine Notwendigkeit.

Auf kompliziertere Weise beeinflußte diese Emanzipation auch ihr geistiges und schöpferisches Leben. Nachdem sie allein geblieben war, wurde sie von zwei entgegengesetzten Kräften gebeutelt, die abwechselnd ihre Seele beherrschten. Einerseits begriff sie sich als Dichter, als Schriftsteller, besaß sie ein starkes, ein sehr starkes Selbstbewußtsein. Sie fühlte sich als Dichter, der berufen war, Anstoß zu erregen, als Dichter, der Zeugnis ablegen mußte, als Dichter, der ein Hüter der »Realität« war, der Einheit dessen, was real ist in einer Welt der organisierten Ungerechtigkeit und Demenz, entwürdigender Fetische, krampfhafter und unerträglicher Langeweile – all dies macht aus *Für oder wider die Atombombe* ein sozusagen institutionelles Ereignis, die intellektuelle Bewußtwerdung eines Schriftstellers, von dem immer angenommen worden war, daß er »Märchen« schriebe. Doch andererseits erzeugte das Bewußtsein ihres Wertes bei ihr, die keine Feministin und keine »Intellektuelle« war, ein so starkes Ungleichgewicht, daß es die Einheit ihrer Person bedrohte. Dieses Bewußtsein fand weder eine Stütze noch ein Gegengewicht in dem Urteil, das Elsa Morante unerschrocken, aber verletzlich über sich selbst als Frau abgab – während es gerade in ihren weiblichen Eingeweiden Nahrung fand. Der Narzißmus genügte nicht mehr, und er konnte der Person, die *Für oder wider die Atombombe* schrieb, gar nicht genügen. Doch dieses Argument verdrängte sie bewußt und systematisch: Das Problem existierte nicht, sie löschte es aus. Mit einem jener Beschlüsse, die in ihr reiften, man weiß nicht, ob kraft ihres Willens, aus einer Laune oder aus einem dunklen Gehorsam gegenüber einer geheimnisvollen Schicksalhaftigkeit heraus, erkannte sich Elsa Morante nicht mehr als Frau an – obwohl es doch nicht schwierig wäre, wenn das Leiden in der Kultur von einem weiblichen Minderwertigkeitsgefühl herrührt, eine Liste aller weiblichen Indikatoren aufzustellen, die gerade in *Für oder wider die Atombombe* zu finden sind, von der Schwierigkeit, die Ideen in Zaum zu halten, bis zur Ungerechtigkeit, sich gezwungen zu fühlen, sie darzulegen, zum Wechsel von Haß und Liebe gegenüber dem Publikum, zu ungeduldigen Anspielungen und verschwiegenen Geheimnissen, all dem, was man zusammenfassen kann in der Formel: Kommunikationsschwierigkeiten. (Es ist fast unmöglich, diesen Vortrag nicht ins Imaginäre zu projizieren, wenn man ihn so liest, wie die bekannte Rede im Wirtshaus einer Gestalt aus *La Storia* gelesen werden müßte, oder, was das gleiche ist, wenn man die Rede von Davide Segre als Spiegel eines autobiographischen Problems liest.)

Der Preis, den Elsa Morante für ihre Entscheidung bezahlte, war hoch, sehr hoch. Welche Frau kann sich von ihrem Körper trennen? Sie bezahlte mit Alpträumen, mit Verwünschungen, mit Grauen, mit Haß, wovon Spuren in jenem Buch nicht enthüllbarer Wahrheiten, verborgener Weisheiten enthalten sind, das den Titel trägt: *Il mondo salvato dai ragazzini*; sie bezahlte mit Verachtung nicht nur für ihren Körper, sondern für sich selbst. »... Die Gnade des ewigen Todes / wird nur den Ungeborenen zuteil. / Und die Strafe, die man dafür bezahlt, daß man geboren wurde, / besteht darin, nicht mehr sterben zu können.« Es lag ein Leopardisches Syndrom in der Besessenheit, im damals in ihr aufkommenden Schwanken, zwischen dem Gefühl, überlegen zu sein, und dem Gefühl, verächtlich zu sein; ein Syndrom, das ich ihr nicht verhehlte, auch wenn ich nie so weit kam, es – für sie oder auch nur für mich – in aller Klarheit zu formulieren. Wenn sie in diese Alpträume verfiel, klagte sie auch ihre moralische Person an. Sie fühlte sich unwürdig. Sie wollte sich zerstören, verschwinden, *»se réduire au point qu'on occupe dans l'espace et le temps. À rien«*. Sie konnte sich nicht abfinden mit der Vorstellung, daß die *pesanteur*, die Illusion, aus der die Welt bestand, eine Kraft sei, der man opfern müsse. Der Abstand zu Simone Weil wurde immer kleiner. *»Le péché en moi est je«:* Die Sünde in mir bin ich – dieser Gedanke drang in ihr Fleisch ein, wie eine infizierte Nadel, eiterte immer tiefer. Dann geschah das, was sie bei ihren Beschlüssen dunkel vorausgeahnt hatte. Je unverzichtbarer Simone Weils Vorbild und die Anziehungskraft einer negativen erhabenen Erfahrung wurden, um so mehr wuchs der Abstand zu Simone Weil, anstatt sich zu verkürzen; denn was bei Elsa Morante ein selbstzerstörerisches und selbstbestrafendes Syndrom auslöste, war nicht der Wunsch, Gott das einzige, was wir besitzen – das Ich –, zurückzugeben, indem sie es vernichtete. Diese religiöse Erfahrung war ihr fremd. Es war vielmehr die *pesanteur*, das Gesetz der Schwerkraft, die sie ans Leben gefesselt hielt – *»cette force que les Karamazov tirent de la bassesse de leur nature«* –, welche sie ein Ich hassen ließ, das sie anekelte, und einen Körper, den sie nicht mehr als den ihren empfand. In einem Augenblick größter Verwirrung lieferte die *pesanteur* ihr eine Spur, und ihre Metamorphose ließ sich lesen und deuten. Sie ertrug, daß in ihrem abgelehnten Körper eine alte Wunde wieder aufbrach. Es gab noch eine Gottheit, der man opfern konnte, noch eine Reise, die zu vollbringen war. Im Grunde genommen mißfällt es mir durchaus nicht, zu denken, daß Elsa Morante die *pesanteur* verwandelt hatte, wie die Frauen es tun – wenn auch metaphorisch – mit einer derartigen Projektion ihrer selbst, daß am Ende die Ränder der literarischen Schöpfung mit den Tatsachen und Bedürfnissen der Physiologie übereinstimmten: Was war denn die Geschichte von Ida und Useppe, wenn nicht eine öffentliche Geburt?

Die in *La Storia* triumphierende Mutterschaft wird in *Aracoeli* gesteinigt. Die beiden letzten Bücher von Elsa Morante muß man in ihrer Symmetrie zueinander lesen, so als führten sie einen

Dialog, als stritten sie – sie scheinen aus ein und derselben Wurzel hervorgegangen zu sein – nicht nur über Argumente der verleugneten und untröstlichen Mutterschaft, sondern in gewisser Weise auch »für oder wider die Atombombe«. Nach *Aracoeli* stellt sich die Alternative nicht so unmißverständlich wie in dem Essay aus dem Jahre 1965, und auch nicht so klar wie in dem *Requiem* für alle vergangenen und zukünftigen Bombardements, das *La Storia* darstellt. Der »Zerfall«, um Elsa Morantes Vokabular zu gebrauchen, findet in *La Storia* in einem äußeren Faktor ein symbolisches Äquivalent – die große Krankheit von Useppe; in *Aracoeli* erscheint er als notwendiges Opfer, als eine freiwillige und unvermeidliche Buße – Aracoelis Verworfenheit. Für die künftigen Forscher, die sich mit Elsa Morantes Werk beschäftigen, wird dies nicht unerhebliches Kopfzerbrechen mit sich bringen: *Aracoeli* ist nicht nur der dichterische Widerruf von *La Storia*, es ist auch die höhnische und erbarmungslose Parodie des Schemas Mutter/Sohn (Ida/Useppe, Nunziata/Arturo), das keine Welt mehr bilden und sie auch nicht mehr abbilden kann. Es gibt keine Mutterschaft, die ausreicht, um die Welt zu legitimieren, aber es gibt auch nichts, was die Mutterschaft ersetzen könnte. Zwischen Mutter und Sohn liegt, in *Aracoeli*, eine steinige Wüste. Man darf niemals vergessen, daß Elsa Morante eine starke Vorliebe für Gegensätze besaß und eine Lust an der

Herausforderung, die sich in ihrem ganzen Werk spiegelt. Bewunderte jemand zu sehr ihre Anmut und Ironie, konnte sie sich in ihrer Ernsthaftigkeit und in ihrer tragischen Seele mißverstanden fühlen – nur um gleich darauf aufzubrausen, wenn jemand allzu eifrig über ihre Tragödien weinte. Man kann Elsa Morante nicht auf ein einziges Bild oder ein einziges Buch festlegen. *Arturos Insel* zum Beispiel ist ein Roman, der in seiner Vollkommenheit einem Ei gleicht und formal, voller Scham, die übliche Trennung zwischen dem, der schreibt, und dem, der liest, respektiert; während *La Storia* und *Aracoeli* zwei formal »obszöne« Romane sind, in dem Sinne, daß sie ständig die Umhüllung abstreifen, die sie einengt – derjenige, der sie schreibt, neigt dazu, auch den Platz dessen zu besetzen, der liest. Dennoch könnte ich mir niemals den Trauerrand vorstellen, der in *La Storia* das, was historisch ist, von dem, was real ist, trennt, ohne an die Umrisse der Insel zu denken, die Arturos Kindheit vom Rest der Welt fernhält. Man muß Elsa Morante in ihrer Gesamtheit sehen und sie wie eine Realität betrachten, die sich uns nur in ihrem äußeren Anschein und in ihrer Verwandlung zeigt. Sie wollte immer anders erscheinen – und war es.

Nicht weniger interessant könnte der Vergleich zwischen der mütterlichen Strömung in *La Storia*, die einem großen Fluß gleicht, und dem kleinen Bach ausfallen, als den man die Darstellung von

Leben und Werk des Beato Angelico in diesem Essayband bezeichnen kann. *La Storia* ist der einzige Roman, der von Elsa Morante *ipse*, von ihr selbst erzählt wird: als ohnmächtige Chronistin, leidenschaftliche epische Dichterin, Gott, dem die Hände gebunden sind, Mutter mit zu Berge stehenden Haaren, die ihre Kinder vor der »historischen« Pest schützt, niemand ausgeschlossen. Episch-mütterlich, stimmt dieser übergeordnete Gesichtspunkt in *La Storia* tendenziell mit der Lage absoluter Unterlegenheit einer armen Frau mit Kind auf dem Arm überein, während bei der Betrachtung des Lebens von Guidolino alle Vorrechte des Beobachters auf himmlisch-selige Ironie, auf unparteiische, von einem Fraticello angerührte Intelligenz ausgeschöpft werden. Der Essay über Beato Angelico ist, wenn ich mich recht entsinne, eine Auftragsarbeit, und der Gegenstand wurde ausgelost. Im Verlag Rizzoli kam die von Schriftstellern präsentierte Reihe der *Classici dell'Arte* heraus, und Elsa Morante fiel Beato Angelico zu. Er war nicht ihr Maler. Sie mochte starke Maler, dramatisch, aber erhaben: Masaccio, Giovanni Bellini, die lichten Augenblicke der Ruhe in Van Goghs krankem Geist oder die großen Romane von Jakob und Saul, erzählt von den Bettlern von Amsterdam, mit Turbanen und Juwelen, die vom Trödler stammten. Doch als sie, ohne Vorurteil, ein wenig genauer sah, was der Klosterbruder von Fiesole konnte, da ließ sie sich gehen und verliebte sich. Der Essay ist eine kleine Fabel von vorbildlichem Manierismus, ein lächelndes Meisterwerk der Goldschmiedekunst, das aus der Werkstatt der *Storia* hervorgegangen ist. Auch die Phobien des Sozialen und der Moderne brechen ohne Heftigkeit darin aus – Nasenstüber, finstere Blicke, die mit einem Seufzer auf die Teufel von heute geworfen werden.

War Elsa Morante eine Essayistin? Wie sehr ich mich auch bemühe, es gelingt mir nicht, sie einer der drei von Alfonso Berardelli aufgestellten Kategorien zuzuordnen: Sie ist keine Kulturhistorikerin, sie frequentiert nicht die »epistemologische Erleuchtung« und weniger denn je die Pädagogik und die literarische Autobiographie. Elsa Morante lebte ganz im Imaginären. Ihre große Leidenschaft für die Realität erklärt sich auch aus der Unmöglichkeit, in sich einen Widerstand zu finden, der der Fiktion Grenzen setzt. Sie wäre eine Essayistin gewesen, wenn sie sich über diese Nachgiebigkeit Rechenschaft abgelegt hätte – woher kam sie und warum – und wenn sie die Wirklichkeit, irgendeine Wirklichkeit, konstruiert hätte wie ein Gebäude von Vermutungen; oder wenn sie versucht hätte, sie in ihren Romanen zu lesen wie in einer Glaskugel. Es gibt einen Gedanken von Simone Weil, ausgedrückt mit der gewohnten Kälte der Schülerin, die sich niemals vom Genie ihrer eigenen Ideen hinreißen läßt. Er lautet: *»Notre vie réelle est plus qu'aux trois quarts composée d'imagination et de fiction.«* Ein Viertel Realität, das ist nicht wenig, es ist für jeden Essayisten ein hoher Anteil. Wie hoch erst für Elsa Morante, für die die Realität, wenn wir ihrer Typologie der menschlichen Charaktere – dem echten Essay in diesem Buch – glauben dürfen, genau das war, was die Ritterträume für einen der drei Ritter ihres Lebens waren: der Traum der Träume.

# Rot und Weiß

# *Die Berühmtheit, Herostratos und der launische Bräutigam*

Daß die Berühmtheit, *La Gloria*, eine treulose, verwirrende Dame voller Wallungen und Widersprüche ist, ist seit Jahrhunderten bekannt. Ebenso bekannt ist, daß sie nicht immer die Regeln des Anstands beachtet. Manchmal schämt sie sich nicht, jemanden zu umgarnen, der sich nicht um sie kümmert, und noch häufiger allerdings verschmäht sie diejenigen, die sie anbeten, die ihre Seele für sie verkaufen würden, die den Boden küssen würden, wo sie vorübergeht. Schlimmeres kann es nicht geben.

*Lorsq'un amant, qui pleure en vain près d'une belle*
*La voit à ses rivaux également rebelle,*
*Il peut souffrir; il peut, sans honte et sans éclats*
*Partager des rigueurs qui ne l'outragent pas.*
*Mais à d'autres que lui s'il voit qu'elle est unie*
*Son infortune alors lui semble ignominie;*
*Et dans son cœur blessé gémissent en courroux*
*L'orgueil, l'amour: tous deux dieux sombres et jaloux.* *

* Solange ein Liebender, der vergeblich bei einer Schönen weint, / sie seinen Rivalen gegenüber ebenso widerspenstig sieht, / kann er leiden; er kann ohne Scham und ohne Ausbrüche / Härte und Strenge teilen, die ihn nicht beleidigen. / Sieht er aber, daß sie mit einem anderen als

Zuweilen tut sie so, als wollte sie sich hingeben, wie es bei koketten Frauen üblich ist, und zieht sich dann sogleich wieder mit einem Gähnen zurück. Oder sie ergibt sich endlich, nachdem sie sich Jahre um Jahre den Hof hat machen lassen, ohne auch nur ein Lächeln zu gewähren; da sie aber eine große Komödiantin ist, zeigt sie sich von einer so schändlichen, rohen, beleidigenden Seite, daß die zartfühlenden Liebhaber, nachdem sie sie besessen haben, ihrer bald überdrüssig werden und sich ihrer schämen. Manchmal stimmt sie auch aus einer böswilligen Laune heraus einem Stelldichein zu; doch anstatt selbst hinzugehen, schickt sie eine verkleidete Doppelgängerin. So umarmt der ahnungslose Verehrer, während er sich in der schmeichelhaften Illusion wiegt, die Dame zu umfangen, an ihrer Stelle eine einfache Küchenmagd.

Wie alle Schönen mit reifer Erfahrung, bringt sie vor allem die Jungen zum Träumen; doch auch unter den Erwachsenen und den Alten sind Tausende in sie verliebt. Manche sind, nachdem sie ihr Leben lang vergeblich von einer Intimität mit ihr geträumt haben, so verzweifelt, daß sie nur noch hoffen, wenigstens nach dem Tod einen mitleidigen Blick von ihr zu erhaschen. Und diese Hoff-

ihm vereint ist, / Erscheint sein Unglück ihm als Schmach, / Und in seinem verletzten Herzen seufzen voller Zorn / Stolz und Liebe: zwei finstere und eifersüchtige Götter.

nung erregt sie so sehr, daß sie, in gewissen Fällen, eben darüber den Kopf verlieren.

Doch wer könnte die Unternehmungen und die Intrigen dieser fatalen Abenteurerin aufzählen? Übeltäter und Heilige, Philosophen, Sänger und Militärs, alle können ihr gefallen oder mißfallen. Sie ändert Farben und Vorzeichen; und nicht immer bedarf es der Qual und der Mühe, um sie zu erobern. Unter Umständen genügt eine Laune, eine Anwandlung, ein Einfall; und sie wird dein sein.

Herostratos zündete den Tempel der Artemis an, um Berühmtheit zu erlangen; und sein Name ist, obgleich die Historiker ihn aus Unmut verschwiegen, noch heute bekannt. Nicht so verschieden vom Fall des Herostratos ist der eines jungen Mannes aus bürgerlicher Familie, der vor wenigen Tagen bei der Hochzeit auf die Idee kam, vor dem Traualtar mit »Nein« zu antworten, als der Pfarrer ihm die rituelle Frage stellte. Nachdem er dieses »Nein« gesagt hatte, flüchtete er aus der Kirche und überließ Braut und Verwandte ihrem Schicksal. Von jenem Augenblick an wurden er und die junge Braut, bis dahin ein unbekanntes Paar, genauso berühmt wie Tyrone und Linda, Rita und Ali. Und als sich der reuige Bräutigam eine Woche später dazu durchrang, ernstlich Hochzeit zu feiern, war dies nicht mehr eine Hochzeit zwischen gewöhnlichen Sterblichen, sondern zwischen Helden oder Halbgöttern.

Die Moralisten raten, die Berühmtheit mit Vorsicht zu genießen, wenn sie sich so gefällig und gewogen zeigt. Unter ihrer angeblichen Unschuld verberge sich, sagen sie, häufig ein heimtückischer Betrug. Und sie könne sich in eine Familie einschleichen wie ein zahmes Kätzchen, das sich im Laufe der Zeit in einen Tiger verwandelt.

### *Die Berühmtheit als rechtmäßige Ehefrau, der häßliche Monarch und die Berühmtheit in der Illustrierten*

Da wir uns so lange über das Thema der Berühmtheit verbreitet haben, wollen wir es nun heute zu Ende bringen.

Die Berühmtheit zeigt oft eine frivole und liederliche Haltung; sie droht, ihren Getreuen zu verlassen, wenn sie nicht immer wieder neue Reize an ihm entdeckt. Einer unserer galantesten Literaten ist, um sich die Gunst seiner Berühmtheit zu erhalten, gezwungen, sich zu erneuern wie der Mond.

Neben dieser geistreichen und glücklichen Idylle gibt es jedoch die Tragödie eines Monarchen, der dank seines extravaganten Lebens heute zu den berühmtesten Männern der Welt zählt. Seine fettleibige Häßlichkeit, umweht von Langeweile und Hypochondrie, stellt sich jeden Morgen auf Tausenden von Bildern in allen Zeitungen zur Schau.

Die Tragödie nun besteht nach dem, was uns bekannt ist, darin: daß dem Herrscher sein Konterfei überhaupt nicht gefällt, sondern direkt verhaßt ist. Er betrachtet es geradezu als seinen schlimmsten Feind. Und da es ihn verfolgt, vervielfältigt auf tausenderlei Art, hat der ungnädige Monarch schließlich zu glauben begonnen, es sei ein Teufel, und nennt es seine Legion.

Die Legion ist ihm treu, und er kann sie nicht abschütteln. Da besteht keine Hoffnung. Es gibt Leute, die, unter Umständen gegen ihren eigenen Geschmack, zu einer Vernunftehe mit der Berühmtheit gezwungen sind. Und sie schleppen sie wie eine rechtmäßige, ungeliebte Ehefrau hinter sich her, die man aber dennoch, um nicht gegen die gute Erziehung zu verstoßen, achten und spazierenführen muß.

## *Verteidigung einer gewissen Frivolität in der männlichen Kleidung gegen die Gefahren der Strenge*

Das Lob der Frivolität, die – und nicht immer den Heiligen und den Weisen zum Trotz, sondern sogar mit ihrer liebevollen Zustimmung – als eine Tugend, nicht als eine Sünde zu verstehen ist, verschieben wir auf später.

Eine der wenigen tugendhaften Freuden, die uns noch vergönnt sind, ist, zu Beginn einer jeden neuen Saison, das Schauspiel der Modekollektion. Unglücklich, roh und gefühlskalt sind die einer solchen Freude unzugänglichen Herzen! Sie ist ja nicht, wie gewöhnliche Menschen argwöhnen, ein *materielles Vergnügen*, sondern, im Gegenteil, ein geistiger Genuß, geringer, gewiß, aber ähnlich dem, den uns eine Gemäldesammlung oder ein Konzert bereiten kann. Sie ist eine anmutige menschliche Übung in Harmonien und Phantasien, die die Selbsterkenntnis befördert und sogar Liebesgeheimnisse enthüllt. An den schönen Nachmittagen dieses beginnenden Herbstes, die wir bei derartigen Festen der Mode verbracht haben, war die einzige Bitterkeit unter den vielen Damen und jungen Mädchen die Abwesenheit der Herren.

Warum? Wo waren die Herren, fern dieser glänzenden Säle, ausgeschlossen von diesem liebenswürdigen Trubel?

*Chi dietro a iura, e chi ad aforismi*
*sen giva, e chi seguendo sacerdozio,*
*e chi regnar per forza o per sofismi,*
*e chi rubare, e chi civil negozio.**

Müssen wir also, wenn es denn stimmt, was wir weiter oben behaupteten, annehmen, daß sich in unserem Jahrhundert alles Glück, alles Zartgefühl und alles Feuer in die Herzen der Damen zurückgezogen haben, und die Herren dagegen alle gefühlskalt, roh und unglücklich im Herzen sind?

Niemals. Die Wahrheit ist, daß die Herren, wenn sie sich entschließen, einer Modevorführung beizuwohnen, dazu verdammt sind, ihr zuzusehen wie aus einem Exil. Denn nach modernem Brauch schickt es sich für sie ja nicht, etwas anderes zu tragen als die allen bekannte fade Uniform, die höchstens eines Quäkers, wenn nicht gar eines Galeerensträflings würdig ist, und ebensowenig dürfen sie andere Stoffe verwenden als Wolle und grobes Leinen, strenge Stoffe, Mönchen angemessen, für die karge Strenge ein Weg zur Gnade ist, nicht aber gewöhnlichen Sterblichen, denen die

* Einer beschäftigt mit Jurisprudenz und einer mit Aphorismen, / einer versieht ein Priesteramt, / einer herrscht gewaltsam oder mit Sophismen, / einer stiehlt und einer treibt ehrlichen Handel.

Strenge oft den Weg zur Höflichkeit und zu anderen Tugenden versperrt.

Oh, Strenge, wie viele Sünden wurden in deinem Namen begangen!

Wer also verbannte die Herren aus den edlen Gefilden, wo Spitzen, Atlas, Samt und changierender Moiré ausgebreitet werden und Federn und Rüschen wogen? Es ist dies der einzige Vorwurf, den wir gegen die demokratischen Revolutionen erheben.

Man sage auch nicht, daß Phantasie in der Kleidung die Würde der Männlichkeit beleidigt. Mögen sich die Herren ein Beispiel nehmen an den Bäumen des Obstgartens: Schmücken sich diese nicht im Frühling mit Blüten wie die nutzlosen Zierpflanzen? Und mögen sie sich ein Beispiel nehmen am Löwen. Ist sein Haarkleid nicht etwa weniger prächtig als das der Löwin?

Noch weitere Argumente: Bei all unserer Bewunderung für die zeitgenössischen Künstler glauben wir nicht, daß ihre Würde größer sei zum Beispiel als die des stolzen Tragödiendichters aus Asti, und auch nicht größer als die des Malers, der nach seiner Heimat *Il Veronese* genannt wurde.

Ebensowenig wird uns der geschuldete Gehorsam gegenüber absoluten Mächten verbieten festzustellen, daß wir zum Beispiel die größten Ludwige von Frankreich, was männliche Würde angeht, unseren heutigen Diktatoren keineswegs für unterlegen halten.

(Apropos Leute von heute: Wir stellen uns gern vor, wie die leichte Fettleibigkeit des Dichters S. C. sich durch scharfsinnige Toleranz verschönte, könnte er in eine liebliche geblümte *velada* gekleidet umherspazieren, und wie majestätisch die gigantische Gestalt des Romanciers M. P. in golddurchwirkten *Roben* und *Talaren* erschiene, etc.)

(Und apropos Diktatoren und Staatsmänner im allgemeinen: Wir glauben, daß eine gewisse rustikale Unbesonnenheit, die man manchmal in ihrem Gehabe beobachten kann, die Folge, wenn auch nur zu einem geringen Teil, der Strenge ihrer Kleidung ist. Gewisse allzu derbe Worte [und Wort und Tat sind ja Geschwister], die mit einer Schirmmütze oder einer finsteren Faschistenuniform harmonisieren mögen, würden sich aus Anstand verstecken, wenn der Redner mit Schwanenfedern gesäumte Schühchen trüge; und auch das Vorhandensein eines *Jabots* hielte sie im Zaum.)

### *Untröstliches Lob der Krawatte*

Wenn aber, wie wir befürchten, unser gegenwärtiger Artikel ohne Folgen bleiben wird, so mögen uns die Herren wenigstens versprechen, der Krawatte, letzter Seufzer der Phantasie in ihrem modernen Aufzug, die allergrößte Beachtung zu schenken. Wer sagte (das Beiwort in abfälligem Sinne benutzend), daß die Krawatte das letzte *bürgerliche* Überbleibsel sei? Im Gegenteil, sie ist ein äußerstes Zugeständnis der Kleinlichkeit und des Geizes an die Fröhlichkeit des gesellschaftlichen Brauchs.

Unbesonnen, wer Schlichtheit auch in der Krawatte sucht! Man fertige sie aus Brokat, aus Spitze, aus Atlas und aus Hermelin, man bemale sie mit Blumen und jeder Art von Überraschungen, man stelle sie aus Federn her und flechte Gold und Silber hinein. Keine Krawatte wird je zu verwegen sein.

Sie ist die letzte Brücke zwischen dem Mann und der Phantasie, ist der letzte Graben zwischen dem Mann und der Barbarei.

Willkommen sei uns nach der sommerlichen Zerstreuung der Winter, der uns Sammlung bringt (vorausgesetzt, man verfügt über ein gut geheiztes Zimmer). Der Geist, der gerne phantasiert, pflegt zu Beginn jeden Winters wie eine Dame der vornehmen Welt seine Salons wieder zu eröffnen. In Gesellschaft eines Buches und mit dem Beistand einer Katze als Majordomus oder Numen werden wir Abende verbringen, die nicht weniger bevölkert sind, als wenn wir uns in den Stutzerklub begeben hätten oder in den Klub zur Offenen Tür.

Von allen möglichen Büchern bevorzugen wir jene (seien es nun Romane oder Tragödien, epische oder ritterliche Dichtung etc.), die uns mit lebendigen (wenn auch imaginären) Gestalten zusammenführen und uns deren menschliche Geschicke erzählen. Es scheint uns, als könnte kein Essay oder Traktat und keine abstrakte Blüte der Prosa besser als diese Bücher beim Lesenden das befriedigen, was das schwerwiegendste Problem eines jeden Menschen ist: nämlich das Problem seines Verhältnisses zur Wirklichkeit (von der großen Lyrik, die uns, wie die Gnade, aus der Welt der Probleme herauszieht, wollen wir hier nicht sprechen). Wir wissen, daß eine solche Vorliebe im Widerspruch zur Auffassung vieler Professoren und Philosophen (die vielleicht Recht haben) und zu der einiger unserer zeitgenössischen Kritiker steht. Doch letzteren (die bestimmt Unrecht haben) werden wir nie etwas anderes antworten als das, was ein Araber einem Türken erwiderte, nachdem dieser ihn eine Stunde lang mit Schmähungen überhäuft hatte: »An dem Tag, an dem du Gutes über mich sagst, werde ich anfangen, an mir zu verzweifeln.«

Im Zusammenhang mit den obengenannten Lieblingsbüchern entsinnen wir uns einer Klassifizierung der Personen, mit der wir uns in unserer frühen Jugend brüsteten wie mit einer Entdekkung. Ganz andere Entdeckungen sind gemacht worden; doch wir berichten von der unseren, so wie sie damals war; die Leser werden zumindest ein Gesellschaftsspiel für die kommenden Winterabende daraus ableiten können.

Also: Genau betrachtet verfügen die erzählenden Dichter und Schriftsteller, alles in allem, über drei grundlegende Persönlichkeiten, die wiederum die drei möglichen Haltungen des Menschen angesichts der Realität repräsentieren:

1. *der Pelide Achill* oder *der Grieche des glücklichen Zeitalters*. Ihm erscheint die Realität lebendig, frisch, neu und absolut natürlich.

2. *Don Quijote*. Die Realität befriedigt ihn nicht und flößt ihm Abscheu ein, also sucht er sein Heil in der Fiktion.

3. *Hamlet*. Auch ihm flößt die Realität Abscheu ein, doch findet er kein Heil und wählt zum Schluß das Nicht-Sein.

Trotz der unvermeidlichen Unterschiede, bedingt durch Brauchtum und Klima, und trotz der verschiedenen oder sogar entgegengesetzten Erscheinungsformen (doch auch Zeus gefiel es, sich einmal in einen Stier, einmal in einen Schwan und einmal in eine Wolke zu verwandeln) sind die Helden der epischen Dichtungen, Tragödien oder Romane meistens nichts anderes als neue oder frühere Verkörperungen (oder aber Ableitungen) der oben beschriebenen Personen.

So erkennt man den Griechen des glücklichen Zeitalters in Fabrizio del Dongo, in Manon Lescaut und auch in Čičikov aus den *Toten Seelen*.

Niemand wird mir bestreiten, daß der Idiot von Fjodor Dostojewskij und Emma Bovary nichts anderes sind als Reinkarnationen Don Quijotes.

Was Hamlet betrifft, so sind seine Wiedererscheinungen, vor allem in unserer Zeit, so zahlreich und offensichtlich, daß sie jeder von selbst erkennen kann.

Aus diesen drei Grundgestalten – die drei Grundhaltungen repräsentieren – erwachsen dann natürlich, wie wir schon angedeutet haben, Zwitter, die durch Aufpfropfungen, Ableitungen und Kontaminationen entstehen. So ist Orest eine Mischung aus Achill, Don Quijote und Hamlet. Das gleiche kann man von Werther sagen. Raskolnikow ist eine Kontamination zwischen Hamlet und Don Quijote. Adolphe ist ein Hamlet aufgepfropfter Don Quijote. Oblomow ist ein Don Quijote, der einem Hamlet aufgepfropft wurde, welcher gern ein Grieche des glücklichen Zeitalters wäre.

Wir haben das Gefühl, daß wir unseren Lesern eine Erklärung hinsichtlich des Falls Čičikov schuldig sind. Sie zögern nämlich ein wenig, in ihm den Helden zu erkennen, von dem die Rede war. Nun gut, mögen unsere Leser *Die toten Seelen* aufschlagen und noch einmal die ersten Seiten dieses außerordentlichen Buches nachlesen, dort, wo uns der Held vorgestellt wird. Mögen sie beachten, wie er ißt, wie er sich kleidet, wie er spazierengeht, und schließlich, wie er sich die Nase putzt:

»... auch schneuzte er sich ungewöhnlich geräuschvoll, ohne daß man dahinterkam, wie er es zuwege brachte, daß seine Nase wie eine Trompete schmetterte. Aber gerade diese augenscheinlich vollkommen natürliche Fertigkeit trug ihm die besondere Hochachtung des Kellners ein, der jedesmal, wenn diese Posaune ertönte, seine Mähne schüttelte, den ganzen Körper straffte, seinen Kopf vorbeugte und fragte: ›Haben der Herr einen Wunsch?‹ ...«

Es besteht kein Zweifel, daß nur ein Grieche des glücklichen Zeitalters sich auf solche Weise die Nase putzen könnte.

Vorigen Sonntag bot uns der Zufall im Café an der Piazza del Popolo ein ganz besonderes Schauspiel: Angelo, Saverio und Ludovica in ein gemeinsames Gespräch vertieft.

Die außergewöhnliche Qualität ihres Trios erwächst daraus: daß man, seit dem tragischen Tag, an dem Narziß starb, nur selten, glaube ich, einer anderen Gestalt begegnet ist, die im gleichen Maße in sich verliebt war wie diese drei Freunde. Mehr noch: Jeder von ihnen ist ein vollkommenes Beispiel für eine der drei unterschiedlichen Formen, welche die fatale Liebe zu sich selbst auf dieser Erde annehmen kann.

### *Angelo oder der glückliche Narziß*

Angelo gefällt sich und zweifelt nicht daran, den anderen zu gefallen. Sein Nächster ist für ihn nichts als ein Spiegel, in dem er (sei es Illusion oder Realität) die Bestätigung für seine eigene Überzeugung findet: *Angelo ist schön, galant, faszinierend. Angelo ist ein Genie.* Das Leben des dichtbevölkerten Universums stellt sich ihm als ein Fest zu seinen Ehren dar, bei dem er sich wie ein liebevoller, dankbarer und höflicher Gast verhält. Wir werden seiner Höflichkeit keinen ernsthaften Beweis, kein Opfer abverlangen können, das stimmt. Doch verlangt man etwa von der erblühten Rose, *Frucht anzusetzen* und uns eine Orange zu schenken? Oder vom Jasmin, im Mai Kirschen hervorzubringen? Niemand außer einem ganz unbarmherzigen Individuum kann Angelo seine unschuldige Illusion zum Vorwurf machen. Und die Liebenden, die den geliebten Menschen fragen: »Liebst du mich?« und sich nie satthören können an seiner Antwort: »Ja, ja, ich liebe dich« – leiden sie nicht an einer Sünde, die der Angelos gleicht? Daß er sein Glück darin findet, den anderen zu gefallen, ist im Grunde ein Lob, das er seinen Mitmenschen spendet. Möge die Welt also nachsichtig sein mit Angelo, der nachsichtig mit der Welt ist. Er beneidet niemanden, weil niemand je so begnadet sein kann wie er. Er führt keine üble Nachrede, weil die Angelegenheiten der anderen ihn nichts angehen noch seine Phantasie beschäftigen, die sich nur an einem einzigen Gegenstand entzündet.

### *Saverio oder der rasende Narziß*

Saverio gefällt sich selbst, er zweifelt nicht daran, schön und faszinierend zu sein und hält sich auch für ein Genie: Doch auf die ständige Frage seines beklommenen Herzens antworten ihm die Mitmenschen: »Nein, lieber Herr. Wiewohl du dir das einbildest, bist du weder schön noch faszinierend noch ein Genie. Der Soundso und der Soundso, ja, die schon, dir zum Trotz. Aber du nicht. Du gefällst uns nicht.« Unbeugsam, eifrig verausgabt Saverio sich, um den anderen immer neue Offenbarungen des ruhmreichen Mythos darzubringen, den er von sich kennt. Vergeblich: Sein Glaube bleibt unbewiesen, er findet bei den anderen nichts als Verneinung und Gleichgültigkeit. Sein Glaube wird dadurch nicht erschüttert, im Gegenteil, je mehr die anderen ihn zurückweisen, um so fanatischer wird er selbst. Die leidenschaftliche Beschäftigung mit den Angelegenheiten der anderen, die er auf sich nimmt und kultiviert, hat für ihn keinen anderen Zweck und keine andere Wirkung, als ihn von der Nichtigkeit der anderen und von seinem eigenen Wert zu überzeugen. Daraus erwachsen seine Verachtung und sein Haß auf die anderen und seine heftige Aggressivität gegenüber seinen glücklicheren Rivalen. Einziger Frommer in einer Welt von Barbaren und Ungläubigen, verzeiht er niemandem außer den Verstorbenen.

Sie ist von den dreien das wildeste Ungeheuer und das seltsamste Rätsel. Elendes Los der Ludovica! Sie gefällt sich selbst nicht, sie hält sich für häßlich, unangenehm, unwissend und zweifelt nicht daran, daß die anderen ihre Meinung teilen. Auch kann sie den anderen eine solche Meinung nicht zum Vorwurf machen, da es ja ihre eigene ist. Deshalb ist sie, mehr denn dem Haß auf die anderen, dem Haß auf sich selbst geweiht. Wer aber wird die enterbte Ludovica mit ein wenig Schutz, ein wenig Mitleid, ein wenig Liebe trösten? Wer, wenn nicht Ludovica selbst? Darin also besteht Ludovicas uneingestandene Erlösung. Ludovica haßt und verachtet sich, und gleichzeitig betet sie sich an. In ihr leben zwei Narzisse, von denen einer den anderen anbetet, der jedoch seine Liebe leider nicht erwidert. Unglücklich in sich selbst verliebt zu sein; sich selbst zugleich Feindin und Komplizin zu sein! Das ist wahrhaftig eine bizarre und dramatische Gesellschaft. Was schließlich die Zuneigung betrifft, die Ludovica zu sich selbst hegt, so ist sie von der gleichen Art wie die einer Mutter zu einem ungebärdigen Kind. Alle wissen, wie eine solche Zuneigung am Ende zu übermäßiger Parteilichkeit führen kann, bis hin zur Ungerechtigkeit und zur Vergötterung. In Wirklichkeit wird keiner der bisher beschriebenen Narzisse sich je so sehr lieben, wie

Ludovica sich liebt. Da sie jedoch der Welt nicht öffentlich ihre maßlose Liebe zu einem unwürdigen Gegenstand verkünden kann, ist Ludovica scheinheilig geworden und müht und opfert sich – Demut heuchelnd – für die Welt auf. (Ihr wahres Ziel aber ist, ihrer teuren Ludovica einige Verdienste zu erwerben.) Wenn sie es nicht wagen wird, ihre Aufopferung vor sich herzutragen wie eine Fahne, wird sie sich selbst die letzte Huldigung darbringen: den Genuß, unverstanden und allein zu sein. Hinter einer solchen Berufung verbirgt sich häufig der höllischste Egoismus. Doch müßte man ein Teufel sein, wollte man die arme Ludovica in die Hölle verdammen.

Was werden sich die drei Narzisse im Café wohl zu sagen haben? Wir waren zu weit von ihnen entfernt, als daß wir sie hätten hören können. Doch wird ihr Gespräch vermutlich dem unmöglichen Konzert dreier Instrumente gleichen, die, ein jedes für sich, ihr eigenes pathetisches Solo erklingen lassen.

In der Heiligen Schrift, in der Erzählung von der Vertreibung Adams aus dem Paradies, findet eine bestimmte Einzelheit, die der Autor der Genesis gewiß unterschätzt, wenig Beachtung: nämlich, welch äußersten Beweis der Barmherzigkeit der Ewige Vater bei aller Strenge dem Menschen doch gab, als er ihm die Gesellschaft der anderen Tiere ließ, die nicht wie er von der Frucht der Erkenntnis gegessen hatten.

Wie alle wissen, erlangte der Mensch durch den Genuß dieser Frucht das Wissen um Gut und Böse, das heißt, die Urteilsfähigkeit. Doch die anderen Tiere blieben von dieser Fähigkeit verschont: Es ist dies die liebenswerteste Eigenschaft, welche die anderen Tiere vom Menschen unterscheidet, und hierin vor allem besteht der Reiz ihrer Gesellschaft. In ihr finden wir ein wenig von den Freuden und der unvergleichlichen Pracht wieder, durch die sich die Feste des verlorenen Paradieses auszeichneten. Und es erschreckt uns zu denken, wie bitter unser Exil aussähe, wäre uns nicht dieser Trost geblieben.

Ein nicht unähnlicher Trost wird den Erwachsenen der menschlichen Spezies auch während der frühesten Kindheit ihrer Nachkommen zuteil.

Doch breitet über diese der Baum der Erkenntnis von Gut und Böse leider mit jedem Tag, der vergeht, mehr seinen Schatten aus. Und dieser Schatten verdunkelt unsere liebevollsten Gespräche mit unseresgleichen. Die Furcht, verurteilt zu werden, erstickt die Aufrichtigkeit, hemmt die Hingabe, verfälscht die Zuneigungen und zerrüttet jedes Vertrauen.

Es ist gesagt worden, *l'amour est un combat d'orgueil et d'espérance,* die Liebe sei ein Kampf von Stolz und Hoffnung, doch in Gesellschaft unseres Hundes oder unserer Katze finden wir Ruhe von den anstrengenden Kämpfen der Hoffnung und des Stolzes.

Dank ihrer können wir auf Erden einem lebendigen Blick begegnen, der uns ohne den Schatten eines Urteils die zärtlichste Freundschaft erklärt! Ihr könnt euch von der schmutzigsten Seite des Elends zeigen und werdet für das Tier doch stets der Herr des Gartens Eden sein. Ihr braucht keine Angst vor dem Erscheinen der Falten in eurem Gesicht zu haben: Häßlichkeit, Krankheit und Alter sind für das Tier keine abstoßenden Laster. Es wird eure Traurigkeit nicht sattbekommen, wird nicht an euren Absichten zweifeln; auch werdet ihr nicht befürchten müssen, daß es mit seiner Zuneigung die versperrten Pforten eurer Trägheit einrennen könnte.

Unglücklich der Mensch, der die Tröstungen

solcher Freundschaft nicht kennt! Für ihn ist die Erde wahrhaftig ein trostloses Exil. Und wer bestritt, daß unsere Tier-Gefährten eine Seele besitzen? Er beweist, daß er weder Herz noch Urteilskraft besitzt. Er verwechselt das durchsichtige Licht der Seele mit ihrem Schatten, der Erkenntnis von Gut und Böse.

### *Der wahre König der Tiere*

Wir preisen die vielfältige Nation unserer Gefährten, der Tiere, diesen himmlischen Zirkus, in dem der Mensch, als Zeugnis seines verlorenen Ranges, die edle Kindheit des Gartens Eden wiedererkennen kann. Doch unter all den existierenden Tieren räumen wir der Siamkatze absoluten Vorrang ein.

Schon lange waren wir unserem vertrauten Umgang mit der beneidenswerten Gesellschaft der Siamkatzen diese öffentliche Anerkennung ihrer Reize schuldig. Doch wer ihr Loblied würdig singen wollte, müßte, mit der kostbaren Sprache Diderots zu sprechen, »... seine Feder in den Regenbogen eintauchen und das Geschriebene mit dem Staub von Schmetterlingsflügeln trocknen«.

Wir begnügen uns hier damit, eine siamesische Prinzessin aus alten Zeiten zu zitieren: dieselbe, die durch ihre Gewohnheit, beim Händewaschen ihre

Ringe auf den Schwanz ihrer Katze zu stecken und einen Knoten hineinzumachen, damit sie nicht verlorengingen, die reizende Mißbildung verursachte, die man noch heute am Schwanz unseres unvergleichlichen Tieres beobachten kann.

Jene historische Prinzessin also pflegte von ihrer Katze zu sagen, »sie ist schöner als der Morgenstern, weiser als der Elefant, stolzer als der Löwe, witziger als der Affe, treuer als der Hund, kostbarer als die Perle, und bei der Brautwerbung klingt ihre Stimme süßer als die der Turteltaube.«

Nun ist es so, daß wir, die wir hier schreiben, vielleicht vom Glück verwöhnt sind: Denn die *drei* Siamkatzen, mit denen wir gegenwärtig die Ehre haben zusammenzuleben, sind wahrscheinlich (wir haben nicht wenige Gründe, das zu vermuten) die drei ungewöhnlichsten Exemplare, die diese höchst erlesene Spezies je hervorgebracht hat. Doch können wir uns nicht enthalten zu beklagen, daß die Vorstellungskraft der zitierten Prinzessin dem Thema wahrlich nicht gewachsen war.

Wir aber wollen es hier wagen, bei all dem Wandel von Königreichen und Thronen, die Kandidatur der Siamkatze zum wahren König der Tiere vorzuschlagen. Wir sind gewiß, daß sie auch mit diesem Titel die ihr angeborene Zurückhaltung und Liebenswürdigkeit nicht verlieren wird. Denn da sie ja nicht von der Frucht der Erkenntnis von

Gut und Böse gekostet hat, ist ihr der Königstitel weniger wert als ein Fischchen; und so wird er ihr niemals zu Kopf steigen können.

# *Fürst Andrej*

In der klassischen Heiterkeit von *Krieg und Frieden* besitzt die Gestalt Andrejs die Anmut eines Schattens, der in einer offen und im vollen Lichte daliegenden Landschaft spielt. Sein schattiges und flüchtiges Wesen zieht die anderen Gestalten an und stößt sie ab: und diese Anziehungen und Ablehnungen verleihen dem Spiel der Gefühle in *Krieg und Frieden* eine geheimnisvolle und zwiespältige Qualität, eine einzigartige Tiefe, und, kurz gesagt, eine Art *romantische* Beklemmung. Die Grundzüge von Andrejs Wesen gleichen in der Tat denen der romantischen Gestalten: Es sind nämlich Stolz und Trägheit.

Was den Stolz angeht, wird niemand, denke ich, mit unserer Meinung uneins sein; und Andrej selbst würde, dazu befragt, diesen Wesenszug an sich nicht leugnen. Was dagegen die Trägheit betrifft, werden viele, dessen sind wir gewiß, zögern, sie in Andrej zu erkennen. Er selbst schließlich würde, vielleicht in vollkommener Aufrichtigkeit, eine solche Beschuldigung von sich weisen. Und er wäre sicherlich ernsthaft gekränkt, offenbarten wir ihm seine Verwandtschaft mit einem berühmten Helden der Untätigkeit: Gontscharows Oblomow.

Die Verwunderung über die Verwandtschaft dieser beiden Gestalten ist entschuldbar. Die Trägheit des armen Oblomow ist ja offensichtlich, denn sie ist auch, und vor allem, ein physisches Phänomen: Ihre sichtbaren Embleme sind der Sessel, die Pantoffeln und der Schlafrock. Es gibt aber eine moralische Trägheit, die sich auch unter dem Deckmantel der Leidenschaft, der fiktiven Ideale und der ruhelosen Aktivität verbergen kann. Was zählt, ist, daß das höchste Ziel unserer beiden Gestalten ein und dasselbe ist: *sich jeder Verantwortung dem Nächsten gegenüber zu entziehen.*

Betrachtet man Andrejs Leben genauer, wird man sehen, daß er nicht nur seiner Verantwortung gegenüber seinem Nächsten aus dem Weg geht, sondern daß er *gar keinen Nächsten haben will.* Sobald irgend jemand im Begriff ist, sich von dem Fremden, der er war, in seinen Nächsten zu verwandeln, jagt er ihn von sich und schiebt, zu seiner eigenen inneren Rechtfertigung, ein um das andere Mal Fetische vor: den Krieg oder die Liebe zum Ruhm, die Sohnespflicht oder das Ehrgefühl. Diese Fetische sind der Bovarismus des Fürsten Andrej. Denn man darf ja nicht vergessen, daß sich bei ihm, anders als bei Oblomow, die Trägheit mit dem Stolz paart; und Bovarismus (d. h.: das falsche Ideal) ist oft ein Schutzschild, das der Stolz der Untätigkeit leiht.

Schauen wir uns Andrejs Verhalten gegenüber Frauen an, betrachten wir ihn mit seiner Frau Lise, die Tolstoj zärtlich »die kleine Fürstin« zu nennen pflegt. In dem Augenblick, in dem Lise ihn am meisten brauchte, verläßt Andrej sie, nicht ohne Prahlerei, um in den Krieg zu ziehen. Nun ist der Krieg oft ein Alibi, ein Ort, wo man seinen individuellen Pflichten entgeht: Kurz, der Krieg ist für bovaristisch-träge Leute das, was für Oblomow der Sessel ist. Erst als Lise tot ist, merkt Andrej, daß er sie liebt, und zwar gerade wegen jener Schwächen, die zuvor seinen Widerwillen erregten. Die Wahrheit ist eine andere, will sagen: Es ist leicht, Tote zu lieben. Sie nehmen uns nichts weg und ersparen uns jede Verantwortung.

Andrej und Natascha: Überzeugt, sie zu lieben, schiebt Andrej dennoch seine Verlobung mit Natascha um ein Jahr auf und unternimmt eine Reise, die ihn weit von ihr entfernt. Die Gründe, die er anführt, sind seines Vaters Wille, seine Gesundheit und vielleicht die Absicht, das Herz der allzu jungen Liebsten auf die Probe zu stellen. Doch in Wirklichkeit sind alle diese guten Gründe nur Vorwand für seine Trägheit. Diese rüstet ihn zu seiner Verteidigung, indem sie einen Graben gräbt zwischen der Gegenwart und der schicksalhaften Stunde, in der Natascha sich aus jenem reizenden Irrlicht, das sie jetzt für Andrej ist, in seinen Nächsten verwandeln würde.

Nataschas Skandal mit Anatole, der einer wahren Liebe (wenn lieben verstehen bedeutet) eine ausgezeichnete Gelegenheit böte, sich zu bewähren, gibt Andrej vielmehr die (vielleicht unbewußt gewollte) Möglichkeit, sein Natascha gegebenes Wort zu brechen. Erst als er, im Krieg verwundet, den Tod nahen fühlt, wird er merken, daß er Natascha versteht und daß er sie immer geliebt hat. Doch hier wiederholt sich, mit umgekehrten Vorzeichen, seine vorherige Beziehung zu Lise: Es ist nämlich leicht, die anderen zu lieben, wenn man weiß, daß man bald sterben muß. Andrej liebt Natascha jetzt, weil Natascha ihm nichts mehr nehmen kann. Der Tod befreit Andrej von sich selbst, und es ist vor allem dieses Gefühl, das der Szene seines Todes so viel Schönheit verleiht.

*Ihm nichts nehmen!* Doch *was* sollte ihm denn *genommen* werden? Wir möchten hier nicht falsch verstanden werden. In Andrejs Herz ist, wie im Herzen Oblomows, kein Platz für irgendwelchen gewöhnlichen Geiz oder für Kleinlichkeit. Das fruchtlose Gut, das Andrej so hartnäckig bis zuletzt verteidigt, ist im Grunde genommen nichts anderes als die Einsamkeit seines Stolzes. Denn das Bündnis zwischen Stolz und Trägheit sieht so aus, daß sie sich gegenseitig als Waffe dienen. Andrej hütet seinen Stolz so eifersüchtig, wie manche Mädchen ihre Unschuld hüten.

Wir haben uns bei den Beziehungen zu den

Frauen aufgehalten. Es bliebe noch, von seiner Empfindung des Ruhmes und des Todes und von seiner Freundschaft mit Pierre zu sprechen, der das genaue Gegenteil von ihm ist. Doch all das würde eine sehr viel gewichtigere und längere Rede erfordern.

## *Einige vorbereitende Übungen für die nächste Fastenzeit*

Zu Zeiten der Frivolität pflegten sich die vornehmen Damen zu ihrer moralischen Erbauung, in warme Pelze gehüllt und mit Päckchen beladen, in die Elendsquartiere zu begeben, wo mittellose Bewohner die Hände der Wohltäterinnen mit Tränen benetzten und sie »wohlgebildetes Herzchen« oder »meine gute Fee« nannten.

Doch in unserer Zeit kann man den vornehmen Herren oder Damen, die nach Kasteiung ihrer Seele suchen, eine kräftigere Übung anraten: und zwar eine Wallfahrt zu den Stätten, an denen sich die vom Glück Begünstigten und die Blüte der Gesellschaft Genuß und Zerstreuung verschaffen.

Beginnen wir mit den Bällen. Früher waren Tanzfeste ein Versuch (in den Grenzen, die solch profanen Variationen gesetzt sind, versteht sich), in gewisser Weise den Himmel nachzuahmen. Die Kronleuchter, die Lichterketten gemahnten an die Lichter des Firmaments; die Klänge, wenngleich voller irdischer Verlockungen, waren von tröstlicher Art bei den *Adagi* und zart in ihrer Fröhlichkeit. Das Wort *Tanz* schließlich rief einem sogleich einen hohen Salon, eine große Freitreppe ins Gedächtnis: kurz, lauter Bilder von *Höhe*, *Aufstieg* und *Gipfel*.

Heute dagegen trifft das Wort *Tanz* im Geist sogleich auf Wörter wie *boîte, Taverne, Keller*. Ah, welche Feinheiten unseres strengen Jahrhunderts! Girolamo Savonarola hätte, um zur Sittenstrenge zu bekehren, keine geeignetere List erfinden können als die unserer Zeitgenossen, die für ihre mondänen Zusammenkünfte den Stil der Hölle imitieren. Man geht zum Tanzen in enge Kellergeschosse mit niedrigen Decken, wo der ohrenbetäubende Klang der *Tanzmusik* entweder Raserei und wildes Treiben oder beängstigende Schläfrigkeit ausdrückt. Auf die Tanzenden sind blutrote, unheimlich tiefblaue oder schwefelgelbe Lichter gerichtet. Und die Tanzfiguren scheinen eine Anspielung darauf zu sein, wie sich die schuldigen Seelen in Höllenqualen winden.

Diejenigen unter unseren Lesern aber, deren Geist nicht mit solch rauher Disziplin vertraut ist, können zwischen anderen Formen des Zeitvertreibs wählen. Zwar sind diese gewiß weniger erbaulich als der Tanz, doch ebenso nützlich, um die Eitelkeit des Reichtums und der Schönheit, die Leere der Zeit und der Geschichte zu ermessen und einzusehen, wie überflüssig die Errungenschaften der Künste und der menschlichen Wissenschaften sind. Wir raten zum Beispiel zu einem jener Salons, in denen auserwählte Herren und Damen, strahlend wie Phönixe, sich dem Bridge- oder dem Canastaspiel widmen. Ihr werdet dort nicht die blinde

Spielleidenschaft antreffen, die den Stoff für so viele romantische Dramen lieferte, sondern vielmehr einen philosophischen Willen zur Vernichtung, eine Absicht, die eitle Zeit hienieden zu verbringen, indem man sie jeden illusorischen Wertes entkleidet. Dies ist die Vorstellung, für welche die Damen in dergleichen zermürbenden Abendgesellschaften ihre Schönheit opfern. Und wie man sieht, nähert sich diese Idee mehr den stoischen Lehren an als denen Epikurs.

Andere Gruppen, stets aus der besten Gesellschaft, errichten in ihren Wohnungen oder in ihren Zirkeln kleine Theater und inszenieren dort bestimmte Aufführungen, sei es privat (zum reinen Vergnügen), sei es mit Eintrittspreis (aber, versteht sich, für wohltätige Zwecke). Bei solchen Gelegenheiten stellt unsere Elite ihre wirklich exemplarische Schlichtheit des Geschmacks und ihre wahre Bescheidenheit unter Beweis. Ein Fürst anderer Zeiten hätte für ähnliche Abende an seinem Hof mindestens die Mitwirkung Molières oder Mozarts verlangt. Heute dagegen begnügen sich unsere Herrschaften mit einfachen Entwürfen oder harmlosen Komödien (und lassen sich dazu herab, sie selbst zu spielen), anspruchslosen Dingen für den Hausgebrauch, bei denen vor ein paar Jahrhunderten selbst die Schülerinnen eines Mädchenpensionats die Nase gerümpft hätten. Die Pfiffigsten zeigen vielleicht einen Sketch, der sich an den volkstümlichen Witzen humoristischer Blätter inspiriert, oder eine Farce, die als literarisches Genre an jenes berühmte Werk anknüpft, das (zur Zeit unserer Kindheit sehr en vogue bei den Rekruten) den Titel trug: *Der Befehl zu schnarchen.*

Die Aktivsten und Unternehmungslustigsten schließlich veranstalten mit höchstem Aufwand und mit wirklichen künstlerischen Ambitionen Varietérevuen, akkurat abgeschaut bei jenen, welche die Sonntagsruhe der kleinen Handwerker, der Köchinnen und der Pedelle erheitern. Und dies, wohlgemerkt, nicht in polemischer Absicht, noch, Gott bewahre, satirisch gemeint, sondern in vollkommener geistiger Unschuld, aus inniger und natürlicher Brüderlichkeit des Geschmacks mit den Leuten von schlichtem Verstand. Denn wenn die Leute niederer Schichten ihre Schlichtheit des Verstandes aus Notwendigkeit (und vielleicht wider Willen) bewahren, tun unsere großen Herren dies aus Berufung – was ja, wenn wir ehrlich sein wollen, die gesündeste und unverfälschteste Art ist, sie zu erhalten.

Und es ist wirklich rührend zu sehen, wie unsere elegantesten Damen, die sich von den besten Schneidern Frankreichs kleiden lassen, zum Zwekke der Wohltätigkeit die einfachen *girls* der Vorstadt imitieren.

Frohlocket also, ihr strengen Geister. Und ihr, liederliche Freidenker, sophistische Geister, frivole und verwöhnte Köpfe, fügt euch: Der gegenwärtige Karneval wird euch nicht viel Anregung bieten.

# Der Dichter des ganzen Lebens

*Wenn den Menschen gegeben wäre, was ihnen nur selten gegeben ist, nämlich die Bedeutung und die Größe ihrer Zeitgenossen zu erkennen, so müßte heute, anläßlich des Todes von Umberto Saba, die ganze italienische Nation Trauer tragen, denn Sabas Tod ist nicht nur für die Gebildeten ein Verlust, sondern für alle Italiener und für alle Menschen. In der Tat verdient Umberto Saba jenes seltene Adjektiv, das für Dichter zu gebrauchen man heute nie den Mut hat, das jedoch zum Ausgleich viel zu häufig (und allzu unangebracht) für blutrünstige Diktatoren, mittelmäßige Schauspieler und dergleichen mehr gebraucht wird: das Adjektiv »groß«. Umberto Saba ist ein großer Dichter, und er wird unter den größten Dichtern unserer Literaturgeschichte weiterleben.*

*Vielleicht wissen heute noch wenige Italiener zu schätzen, welches Privileg es für sie gewesen ist, Zeitgenossen von Umberto Saba zu sein. Mir gereicht es zur Ehre und zum Trost, zu diesen wenigen zu gehören. Und es ist mir lieb – wenn auch schmerzlich zu dieser Stunde, in der mein teurer Dichter uns verlassen hat –, daß hier noch einmal gedruckt wird, was ich vor wenigen Monaten anläßlich der Neuauflage des* Canzoniere *im Verlag Einaudi schrieb.*

In Italien ist mit Sabas *Canzoniere* das geschehen, was fast immer mit den Werken der größten Dichtung geschieht: daß sie, für ihre Zeitgenossen, noch zu *modern* sind und, um sich in ihrer Bedeutungsfülle zu erschließen, abwarten müssen, bis die nachfolgenden Generationen herangewachsen sind. Damit die Stunde einer Dichtung wie der des *Canzoniere* kommt, das hat Saba selbst vorhergesagt, »muß Italien zuerst sich selbst wiedergefunden haben, den besten Teil seiner Tradition. Es bedarf, mit einem Wort, eines weiteren Risorgimento«, das heißt, der Rückkehr einer Epoche, in der die *Werte des Todes* noch einmal den *Werten des Lebens* weichen.

In Wirklichkeit erkennt jeder, der ein Bewußtsein von der Geschichte des modernen Menschen und von ihren Ursachen und möglichen Zielen hat, die tiefe und vorzeitige *Modernität* des *Canzoniere*. Es gibt, soweit ich weiß, heute keine andere Dichtung, in der, wie in dieser, alle psychologischen und sogar sozialen Entdeckungen unseres Zeitalters in ihren Verästelungen und Kernpunkten entwickelt werden, bis der reinste und vollkommenste Gesang erklingt. Und jenes *Zuviel*, das Saba (wie ihm von gewissen Leuten vorgeworfen wird) in seinen *Canzoniere* hineingelegt hätte, ist vielmehr die eigentliche und einzigartige Substanz seiner Poesie. Durch jenes *Zuviel* lernen wir die Geschichte dieser Dichtung kennen, und die schwierige und uneigennützige Aufrichtigkeit, die zu ihren absoluten Enthüllungen führt: wie in einer dichtbevölkerten, alten und lebendigen Stadt, wo man, aus buntgemischten Vierteln mit engen Gassen und mühsamen Treppen kommend, unversehens auf märchenhafte kleine Plätze, Gärten und Kathedralen stößt. Man könnte sagen, daß Sabas *Canzoniere* das Epos oder der Roman des Menschen ist, der, aus dem 19. Jahrhundert hervorgegangen, durch die angstvolle Erfahrung der gegenwärtigen Epoche hindurch, die Zeichen dessen sucht, was Saba die »neue Welt« nennt.

Jene Werte könnten, um einen Ausdruck von Saba zu imitieren, als *Werte des Todes* bezeichnet werden und lassen sich, in unseren zeitgenössischen Vorstellungen von Ästhetik, an dem seltsamen Kult erkennen, den sie mit dem Ungeformten treibt (und mag sich dieses Ungeformte auch unter dem äußeren Erscheinungsbild des *Abstrakten*, des manierierten Naturalismus oder der philologischen Virtuosität verbergen). Nun ist das Ungeformte genau das Gegenteil von Dichtung, so wie es das Gegenteil von Leben ist: Denn (und die Sache klingt wirklich zu gewöhnlich, um gesagt zu werden!) die Dichtung will, genau wie das Leben, den Gegenständen des Universums eine absolute Form und Ordnung geben, indem sie sie dem Ungeformten und der Unordnung und damit dem Tod entreißt.

Zudem möchte man fast meinen, daß unsere gegenwärtigen Kritiker (vielleicht aufgrund irgendeiner geheimnisvollen *Verdrängung*, um einen Ausdruck aus der Saba teuren Freudschen Lehre zu verwenden) ein Werk, das sich nicht damit begnügt, einen einzelnen und begrenzten Gegenstand des Universums vom Tod ins Leben zu ziehen, sondern gleich vom ganzen Universum, vom Menschen in seiner Gesamtheit handelt, für geradezu unverzeihlich halten. Nun ist die Eigenschaft, die die Epen oder die Romane im allgemeinen von anderen weniger breit angelegten Dichtungen unterscheidet, genau diese: Mit dem Namen Epos oder Roman werden die dichterischen Werke bezeichnet, in denen man die Absicht erkennt, den Menschen in seiner Gesamtheit zu spiegeln. Ein solches Werk ist der *Canzoniere* von Saba. Und man fragt sich, ob unsere heutige Kulturgesellschaft – mit ihren zerstreuten und reduktiven Intelligenzen – fähig ist, ihm das zu verzeihen.

Ähnlich wie zum Beispiel *Die Göttliche Komödie* oder *Die Zauberflöte* von Mozart oder *Auf der Suche nach der verlorenen Zeit* von Proust ist auch Sabas *Canzoniere* ganz bewußt ein lyrisches Epos über das menschliche Schicksal. Der Mensch und sein Universum werden von Saba mit unbeirrbarer Sympathie, ja sogar Liebe betrachtet: zum Glück für Saba! Denn ein unbeirrbares Gesetz der Kunst und der Natur hat festgelegt, daß es kein anderes Mittel gibt, um die Formen des Lebens aus dem ungeformten Zustand des Todes zu heben. Und Sabas liebevolle Sympathie berührt und preist alle lebenden Dinge: indem jedem Ding ein endgültiges Gefühl von Dankbarkeit und Vergebung dargebracht wird.

Der ganze Verlauf dieses abenteuerlichen, schillernden Epos des *Canzoniere* wird von einer Stimme begleitet, die eine Art Dank oder Lebewohl zu wiederholen scheint: Denn zur gleichen Zeit, zu der die guten und die schlechten Dinge des Lebens gerühmt, beklagt oder angeprangert werden, vergißt diese außergewöhnliche Dichtung in ihrer fast mütterlichen Barmherzigkeit niemals die verletzliche Qualität all dessen, was lebt. Es ist indessen eben diese erwachsene und verzweifelte Bewußtheit, die in Sabas Dichtung die Wirklichkeit leuchten läßt, anstatt sie zu unterdrücken: gleichsam in einer ständigen Loslösung der Sympathie aus der Angst und des Lebens aus dem Tod.

Um seinen Roman über das Universum des Wirklichen zu erfinden, braucht Saba nur »mit neuen Augen im alten Abend« seiner Triestiner *Peripherie* umherzustreifen: zwischen jenen Lädchen, jenen Wirtshäusern und jenem Volk; und dann zu den treuen (oder auch unbeständigen und verräterischen) Gefährten seines peinvollen Schicksals zurückzukehren. Was für andere Menschen Ablehnung, Absurdität, vielgestaltiges Grauen, Ruin ist und bleibt, wird bei ihm zu Gnade und Absolutheit. Liest man ihn, erinnert man sich an jenen östlichen Heiligen, der einem Schüler auf die Frage: »Wo ist das Göttliche?« antwortete: »Zum Beispiel dort, in jenem Strauch.« Und auf die zweite, ehrgeizige Frage des Schülers: »Und wer werde ich geworden sein an dem Tag, an dem ich das Göttliche in jenem Strauch erkenne?« erwiderte er, indem er ihm einen leichten Schlag mit dem Stab auf den Kopf versetzte: »Du wirst ein Löwe mit goldener Mähne geworden sein.«

Auf den Straßen und an den Stränden von Triest erlebt Saba das große Abenteuer der ihn umgebenden Wirklichkeit; doch zugleich fasziniert ihn ein anderes Abenteuer: die Suche nach sich selbst und nach seinem Bewußtsein, das er bis in die Wurzeln der Kindheit erforscht, bis in die Schicksale seiner »Alten, die, nach all dem / Leiden und Feilschen, dort begraben«. Und dieser schwierige Weg durchzieht den *Canzoniere* wie ein wunderbarer Tierkreis, in dem alle Sternbilder dargestellt sind.

Saba selbst hat sich, wenn ich nicht irre, als er von sich oder allgemein von den Dichtern sprach, einmal des Narzißmus beschuldigt. Doch in Wahrheit ist ein Dichter, wenn er seinen eigenen absoluten Ausdruck erlangt – rein und voller Zuversicht –, nicht mehr in den Spiegel des Narziß verliebt. Unter den Gedichten des *Canzoniere* gibt es eines, das sozusagen die *Poetik* Sabas erklärt: und zwar jene *Fuge*, eine Art religiöser Idylle, die den Titel *Canto a tre voci* (Dreistimmiger Gesang) trägt. Man erkennt in diesem Trio die verschiedenen Personen wieder, in die der eine Dichter selbst gespalten ist und die sich in ihm unterhalten. Und aus den vielfachen Bedeutungen ihrer Themen könnte man vielleicht für Sabas *Poetik* diese drei auswählen, deretwegen die drei Stimmen sich unterscheiden: die Sympathie mit der Wirklichkeit (also der *Realismus*, der die notwendige Substanz jedes, auch des phantastischsten Romans bildet); die Einsamkeit des Geistes, der in sich selbst heranreift; und die Dichtung (oder, sagen wir es: die Inspiration!), die vor dem Spiegel, wie Narziß, vielleicht glaubt, sie sei in sich selbst verliebt, während sie dann an sich selbst die Farben und das Feuer der verschiedenen Leben liebt, die sich in ihr widerspiegeln und die sich durch sie in reine Lichter verwandeln (und nicht ohne Grund verglich ein Philosoph, der Saba teuer war, diese *Fuge* einmal mit einem Gesang des *Paradieses*).

In jeder Epoche (und in der unseren mehr denn je!) ist es vorgekommen, daß sehr *neue Poetiken* als modern dargestellt wurden, die dann mit der Zeit ihre Begrenztheit und Rückständigkeit und ihren Konformismus offenbaren sollten. Seit jeher geschieht es, daß die Zeitgenossen jeder Epoche die *Mode* mit dem *Modernen* verwechseln oder (um wiederum ein Wort von Saba zu benutzen) die *Kunstfertigkeit* mit der *Kunst*. Doch am Ende ist seit jeher (so von Giotto bis zu Cézanne oder bis zu Picasso, von Monteverdi bis zu Berg, von den griechischen Tragikern bis zu Verga oder bis zu Saba) die *eine Poetik*, der es bestimmt ist, die Zeit zu überdauern, jene eine, die Saba in seinem *Dreistimmigen Gesang* zu erklären scheint. Wie die Hauptfiguren der Mythen, der Märchen und der Mysterien muß jeder Dichter durch die Prüfung der Wirklichkeit und der Angst gehen, bis zur Reinheit des Wortes, das ihn erlöst und das auch die Welt von ihren unwirklichen Monstern befreit. Und bei dieser mutigen Überfahrt ist jeder Dichter ein Pionier, da das Drama der Realität kein Ende hat und immer ein anderes ist.

Man denke an das schwierige, isolierte und schmerzliche Schicksal von Umberto Saba, und an das Wunder seines Schicksals: den *Canzoniere*, der in diesen Tagen wieder aufgelegt wird. Und es wäre schön, wenn wir in einer Kultur lebten, die Ereignisse wie dieses würdig zu begehen verstünde. Es ist Saba zu verdanken, daß die größte italienische Dichtung (dieselbe, die – mit ihren seltenen Stimmen durch die Jahrhunderte hindurch zu den Italienern sprechend – für sie das gerettet hat, was Saba *die Werte des Lebens* nennt) heute mit einer neuen und einzigartigen Stimme ihren Diskurs fortsetzt.

# Über den Roman

Diesen Aufsatz schrieb Elsa Morante als Antwort auf eine Umfrage über den Roman, die 1959 von der Zeitschrift *Nuovi Argomenti* durchgeführt wurde und neun Fragen umfaßte. Der Leser findet diese Fragen, die Elsa Morante als Grundlage für ihren Beitrag dienten, in den Anmerkungen zu den Texten am Ende des Buches. (Anm. d. Hg.)

Um jedem Mißverständnis vorzubeugen, ist es, denke ich, angebracht, sich gleich zu Beginn über die Definition des Begriffes *Roman* zu einigen. Tatsächlich scheint mir, daß hier noch völlig äußerliche Konventionen existieren, die sich einschränkend oder verwirrend auf die Urteile auswirken.

Nach der gängigen Meinung würde jegliche Prosaerzählung, deren Teile von einer einheitlichen Handlung zusammengehalten werden und deren papierner Umfang ein Gewicht von einigen hundert Gramm nicht unterschreitet, den Titel Roman verdienen. Daher kommt es, daß jeder, der dreihundert Seiten mit Klatschgeschichten angefüllt oder eine nette kleine Novelle auf dreihundert Seiten ausgedehnt hat, sich für den Autor eines Romans hält. Während mangels ein- bis zweihundert Gramm Gewicht vielleicht manche vollkommenen Modelle eines Romans, wie zum Beispiel *Die Steppe* von Tschechow, nicht unter den Romanen, sondern anderswo eingeordnet werden.

Außerdem geschieht es auch, daß die akademischen Literaturgeschichten wegen der rigiden und zuweilen unpassenden Eingrenzungen der »Gattungen« in ihren Abhandlungen über den Roman zwar – wie es logisch ist – auf den *Goldenen Esel* oder *Don Quijote* als Romane eingehen, nicht aber auf die *Äneis* zum Beispiel oder den *Rasenden Roland*, die noch in ihrer Substanz absolut Romane sind und unter derselben Bezeichnung wie die beiden ersten zu untersuchen wären. Was die Kunst des Romans betrifft, ist es unwichtig, ob die einen in Prosa und die anderen in Versen geschrieben sind. Auch in der Kunst des Theaters können Stücke in Versen oder in Prosa verfaßt werden, doch werden daraus nicht zwei verschiedene »Gattungen« abgeleitet. *Der Kirschgarten* gehört zur Kunst des Theaters genauso, wie *Die Cocktail-Party* dazugehört.

Ich selbst, gestehe ich, gehe sogar soweit, Petrarcas *Canzoniere* zum Beispiel oder Shakespeares *Sonette* als Roman zu betrachten (aus denselben grundsätzlichen Erwägungen heraus, deretwegen man *Die Prinzessin von Clève* oder *Auf der Suche nach der verlorenen Zeit* als Roman bezeichnet).

Schon mehrmals (zum Beispiel 1957, anläßlich des *Canzoniere* von Saba) hatte ich Gelegenheit, meine Ansichten über ein ähnliches Thema darzulegen. Und man wird mir daher verzeihen, wenn ich, zum Teil Dinge wiederholend, die ich damals schon gesagt habe, hier nochmals eine Definition des Romans geben werde, die mir richtig erscheint (aber die ich natürlich nicht überbewerten will):

»Ein *Roman* wäre jedes poetische Werk, in dem der Autor – durch die erfundene Erzählung exemplarischer Begebenheiten (die er als Vorwand oder Symbol für die menschlichen ›Beziehungen‹ in der Welt ausgewählt hat) – ein *vollständiges*, eigenes Bild des wirklichen Universums (das heißt, des Menschen in seiner Wirklichkeit) zeichnet.«

Natürlich ist es überflüssig, darauf aufmerksam zu machen, daß *poetisches Werk* der Definition nach ein Werk bedeutet, das durch die *Wirklichkeit* der Gegenstände ihre poetische *Wahrheit* wiedergibt: Es ist allen klar, daß diese Wahrheit der einzige Anlaß für den Roman wie für jede Kunst ist. Die *Vollständigkeit* des dargestellten Bildes wiederum unterscheidet den Roman von der Erzählung. Denn die Erzählung stellt einen »Augenblick« der Wirklichkeit dar, während der Roman *eine* Wirklichkeit darstellt. (Daraus folgt allerdings keine *poetische Überlegenheit* des Romans über die Erzählung! Es handelt sich nicht um höhere oder geringere Qualität, sondern um eine andere Beziehung zum Universum.)

Man muß jedoch hinzufügen, daß eine Sammlung von Erzählungen – wenn sie, mit dem homogenen Reichtum ihrer Teile, eine entwickelte und harmonische Vollständigkeit erreicht – gewiß die Bedeutung eines Romans hat. So ist zum Beispiel *Der stibitzte Brief* von Poe eine Erzählung; der Band mit den *Kriminalgeschichten* (aus dem *Der stibitzte Brief* stammt) kann jedoch zweifellos mit einem Roman gleichgesetzt werden, in dem die einzelnen Erzählungen ebenso viele Kapitel bilden. In gleicher Weise sind die einzelnen Geschichten Tschechows großenteils, für sich genommen, Erzählungen; aber die Sammlung der Tschechowschen *Erzählungen* (auch ohne solche wie *Die Steppe* oder

*Eine langweilige Geschichte* etc. hinzuzurechnen, die an sich schon Romane sind) hat ganz gewiß die Bedeutung eines Romans: Denn sie stellt ein ganzes System (Tschechows System) der menschlichen Beziehungen und des wirklichen Universums dar.

Von gewissen überflüssigen Schemata befreit und besser nach seinen Ursprüngen und seinen poetischen Gründen verstanden, läßt sich also der Roman nicht in das Maß einer *literarischen Gattung* pressen, die von schulischen Konventionen festgelegt oder von kulturellen Zufälligkeiten bestimmt wird. Die Lust, die unerschöpfliche Geschichte des Lebens zu *erfinden*, ist eine natürliche Neigung des Menschen, die allen Epochen und allen Ländern gemeinsam ist (sogar die mythologischen und volkstümlichen Legenden sind schon eine Art kollektiver Roman).

Der Roman in Prosa, der (wenn auch nicht ausschließlich) vom 17. Jahrhundert an überwog, ist nichts anderes als der direkte Nachfolger des erzählenden Epos, das heißt, des Romans in Versen, und es ist nicht gesagt, daß der Roman in Versen nicht künftig wieder zur Blüte kommen könnte (übrigens sind in modernen Zeiten schon gelegentlich Beispiele dafür aufgetaucht: *Childe Harold, Eugen Onegin* etc.), so wie auch nicht gesagt ist, daß sich der Roman in der Zukunft nicht auch in andere, neue, bisher unbekannte Aspekte kleiden könnte. Doch die Veränderung der Vorwände und der äußeren Verfahrensweisen läßt das uralte – und spontane – menschliche Motiv, dem die Kunst des Romans entspricht, unverändert. Die narrative Kunst ist (ebenso wie die des Theaters oder der lyrischen Dichtung) eine der notwendigen Formen, derer sich der Mensch bedient, um mit dem Mittel des Wortes eine immer neue poetische Wahrheit aus den wirklichen Gegenständen hervorzulocken (entsprechend dem Ziel aller Künste: der immerwährenden Erneuerung der Wirklichkeit). Und diese Kunst findet im Roman ihre vollständige Gestaltung.

Der Romancier legt in seinem Werk, wie ein Philosoph oder Psychologe, ein eigenes umfassendes System der Welt und der menschlichen Beziehungen dar. Nur daß er, anstatt sein System in Form von Überlegungen zu entfalten, seinem Wesen entsprechend, es in eine poetische Fiktion kleidet, indem er narrative Symbole benutzt. Jeder Roman könnte daher von einem aufmerksamen und klugen Leser (aber leider sind solche Leser sehr selten, insbesondere unter den Kritikern) in die Sprache eines Essays und eines »Gedankengebäudes« übersetzt werden. Und wenn es stimmt, daß manche Romane (im Unterschied zu jenen, die sich auf die reine Darstellung verlassen) sich innerhalb ihrer Struktur erklärtermaßen essayistischer Formen und Möglichkeiten bedienen, so begegnet man diesem Unterschied nicht erst in der modernen Epoche, sondern es gab ihn zu allen Zeiten. *Die Göttliche Komödie* ist im Unterschied zur *Ilias* ein essayistischer Roman, und *Die Verlobten* von Manzoni ist essayistisch, im Gegensatz zu Vergas *Malavoglia*. So wie heute Musils Roman essayistisch ist im Gegensatz zu dem von Hemingway. Doch gerade die gleichberechtigte Koexistenz dieser beiden Autoren könnte vielleicht beweisen, daß man im zeitgenössischen Roman keine endgültige Prävalenz der einen Form über die andere feststellen kann.

Ich glaube wirklich, daß die Entscheidung zwischen den beiden Formen – mehr noch als von möglichen äußerlichen Zufälligkeiten – vom unterschiedlichen Genius eines jeden Autors abhängt. Alle wissen ja, daß Verstand und Vorstellungskraft sich naturgemäß in jedem Menschen auf andere Weise die Waage halten, daß aber die zwei Funktionen, in ihrer unterschiedlichen Harmonie, beide für die Gesundheit und das Überleben jeder Kultur notwendig sind.

Ohne die eine oder die andere dieser beiden Funktionen ist es unmöglich – wie verschieden sie auch jeweils ausbalanciert sein mögen –, irgendeine Wahrheit in den Dingen zu entdecken. Und wenn der Romancier – wie jeder Künstler – sich besonders durch die Fähigkeit der Imagination auszeichnet, verlangt man andererseits auch von ihm, daß er mit höherem Verstand begabt sei. Sonst wäre er nicht in der Lage, jenes kleine Architekturmodell der Welt in seinen Einzelheiten glücklich zu ordnen, das sich in jedem echten Roman herausbildet.

Diese notwendige Intelligenz offenbart sich jedoch gewiß in freigiebigerer und klarerer Qualität, wenn sie die Präsenz des Autors auf der geschriebenen Seite nicht verrät, sondern wenn es so wirkt, als drücke sie sich unmittelbar durch die dargestellten Dinge aus, wie eine Eigenschaft der Dinge selbst. Dann wird die bezauberndste menschliche Schönheit erreicht: die, in der Verstand und Anmut verschmelzen. Und solcherart ist eben die Schönheit bestimmter Meisterwerke der *reinen Darstellung*.

Apropos, es ist sicher, daß die Romanautoren (auch die essayistischen) sich nicht immer aller Wahrheiten bewußt sind, die sie entdecken, doch spielt dies keine Rolle, da sie ihre Wahrheiten, mehr als für sich selbst, ja für die anderen entdekken. Was bei ihnen zählt, ist nicht die Bewußtheit der Mittel oder der Ergebnisse, sondern die uneigennützige Treue, mit der sie zu einer einzigen Verpflichtung stehen: aufrichtig das wirkliche Leben zu befragen, damit es uns als Antwort seine Wahrheit mitteilt.

Diese unablässige Befragung eines jeden Dichters ist – heute mehr als früher – für den Romancier ein Bedürfnis, nicht nur seiner Inspiration, sondern seines Gewissens. Und um so mißverständlicher und falscher klingen daher die Stimmen gewisser kleiner Rezensenten von Romanen, die willkürlich von *Engagement* und *Flucht* reden und dabei mit ihren armseligen Kriterien nur ihr kritisches und menschliches Unvermögen unter Beweis stellen. Sie wissen offensichtlich nicht, daß ein *schöner* (und somit *wahrer*) Roman stets das Ergebnis eines höchsten moralischen *Engagements* ist, und daß ein *falscher* (und somit häßlicher) Roman stets das Ergebnis einer *Flucht* vor der ersten und unabdingbaren Verpflichtung des Romanciers, nämlich der Wahrheit, ist.

Man muß an dieser Stelle anerkennen, daß solche Rezensenten es selten wagen, die Wahrheit zu erwähnen: Sie sprechen lieber von der Wirklichkeit, haben aber mit ihren Argumenten die Macht, sogar dieses Wort unwirklich werden zu lassen. Man versteht tatsächlich nicht, in welcher Welt es den trägen und verkümmerten Fetisch gibt, in dem sie angeblich die »absolute Wirklichkeit« erkennen.

Wäre die Wirklichkeit jenes von ihnen gerühmte konventionelle Scheinbild, so wären Wissenschaft und Kunst schon bei ihrer Geburt aus Mangel an Nahrung gestorben. Denn wie jede andere lebendige menschliche Erfahrung kann sich auch die Kunst nur von Wirklichkeit ernähren. Und gewiß werden die ungebildeten Überheblichkeiten unserer kleinen Konformisten nicht genügen, damit sie vor Hunger und Langeweile zugrunde geht.

Der Reichtum der Wirklichkeit ist, ihnen zum

Tort und zum Trotz, unerschöpflich: Sie erneuert sich und vervielfältigt sich für jedes neue lebendige Geschöpf, das sich aufmacht, sie zu erforschen. Die Vielfalt der Existenzen hätte weder Sinn noch Grund, würde sich nicht für jede Existenz eine andere Wirklichkeit auftun. Das Abenteuer der Wirklichkeit ist immer *ein anderes*. Doch dem Romanschriftsteller genügt (wie jedem anderen Künstler) die beschränkte Erfahrung seines eigenen Abenteuers nicht. Seine Erforschung muß sich in einen Wert für die Welt verwandeln: Die bestechliche Wahrheit muß von ihm in eine unbestechliche poetische Wahrheit verwandelt werden. Das ist der einzige Grund für die Kunst: Und das ist ihr notwendiger *Realismus*.

Herausragende Beispiele für *Nicht-Realismus, Nicht-Engagement* und *Flucht* sind für mich bestimmte Produkte des (sogenannten) *sozialistischen Realismus* oder des (sogenannten) zeitgenössischen *Neorealismus*.

Ein wahrer Roman ist also immer realistisch: auch der märchenhafteste! Um so schlimmer für die Mittelmäßigen, die seine Wirklichkeit nicht zu erkennen verstehen. Nur Dummköpfe könnten zum Beispiel den Realismus von Dante Alighieri verkennen, auch wenn sein Roman vorgibt, die Geschicke eines im Jenseits Lebenden zu erzählen, und Engel und Teufel auf den Plan ruft. Ebenso ist zum Beispiel Poes erzählende Literatur realistisch: Denn die Figuren, die er in die Welt projiziert, stellen mit Wahrhaftigkeit seine reale Psychologie eines lebenden Menschen dar. Hätte er, seine eigene psychologische Wirklichkeit verfälschend, mit dokumentarischem Eifer zur Erbauung seiner bourgeoisen Mitbürger die redlichen Sonntagsvergnügungen einer puritanischen Familie beschrieben, wäre er allerdings *nicht* realistisch gewesen. Genauso wie auch Verga nicht realistisch gewesen wäre, hätte er, anstatt (seiner eigenen psychologischen Wirklichkeit entsprechend) die Gestalten der *Malavoglia* in die Welt zu projizieren, zur Erbauung seiner Gemeinde oder der lokalen Jagdklubs kleine Fischer und Fischerinnen nach Art der Kalenderblätter oder der touristischen Werbeplakate fabriziert.

Man wird sagen können, daß Poes Welt subjektiv ist, während die von Verga oder, sagen wir, Flaubert objektiv ist, doch wird die Unterscheidung nur gelten, um die verschiedenartige psychologische Form dieser verschiedenartigen Dichter zu kennzeichnen, und nicht, um die Wirklichkeit des einen oder die des anderen zu bestreiten. Das Drama des Menschen Poe, das sich in die narrativen Symbole des Dichters Poe projiziert, ist nicht weniger wirklich als das Drama der armen Fischer Siziliens oder das des provinziellen Kleinbürgertums, die sich in den erzählerischen Symbolen der Dichter Verga oder Flaubert spiegeln. Jedes menschliche Drama ist real, und jeder Roman, der dieses Drama wahrheitsgemäß darstellt, ist realistisch.

Darüber hinaus ist jedes menschliche Drama, gerade weil es *menschlich* ist, ein psychologisches Drama. Man fügte der Person des Menschen die gröbste Beleidigung zu, wollte man dem Menschen nur seine soziale Funktion (als Dichter oder Landarzt oder König oder Fischer) zuerkennen und seine erste Wahrheit und die menschlichste Wirklichkeit seines Dramas ignorieren, die ja eine psychologische Wirklichkeit ist. Tolstoj macht in einem Brief (wenn ich mich recht erinnere) an den jungen Gorkij darauf aufmerksam, daß *es in einem Roman erlaubt ist, alles zu erfinden, außer der Psychologie*. Für mich ist dies das einzige, absolute Gesetz des Realismus im Roman.

Jeder wahre Roman ist ein psychologisches Drama, weil er das Verhältnis des Menschen zur Wirklichkeit darstellt. Und erster Ausgangspunkt dieses Verhältnisses ist, zu Anfang, immer der Autor des Romans, denn es ist seine ihm eigene psychologische Orientierung, welche die Wahl seines Weges bei der Erforschung der wirklichen Welt bestimmt. Man könnte sagen, daß das in einem Roman dargestellte menschliche Abenteuer immer subjektiv ist, weil es, in seiner Wahrheit, immer das menschliche Drama des Romanautors selbst bedeutet (das heißt, sein besonderes Verhältnis zur Welt). Wollte man das vorherrschende Gefühl freilegen, das bei jedem Romancier dessen jeweils verschiedene Entdeckung der Welt anregt, könnte man erkennen, daß bei Verga zum Beispiel dieses Gefühl das *Mitleid* ist, bei Flaubert (wie schon bei Cervantes) ist es das *romantische Ideal*, bei Melville ist es die *mütterliche Religion*, bei Kafka ist es die *Existenzangst und die Angst vor den »Beziehungen« in der Welt*, bei Poe ist es das *Grauen vor dem Tod* etc. Es sind immer subjektive Empfindungen, doch das Drama, das daraus erwächst, hat wie jedes Drama immer einen objektiven Maßstab der Verhältnisse: der immer, in jedem Roman, die wirkliche Welt ist. So scheint mir auch die Unterscheidung zwischen subjektivem Roman und objektivem Roman nur äußerlich zu sein. Und was die Hypothese angeht, daß der Roman *sich definitiv von der Psychologie abwendet*, so erscheint sie mir schon in ihrer Formulierung absurd, weil der Roman als solcher die *Projektion einer Psychologie* in die Welt ist. Das ist er, wenn er Begebenheiten zu einer Fabel verflicht, genauso wie wenn er innehält, um im Rahmen einer psychologischen Analyse Bewußtsein und Beziehungen der Menschen zu untersuchen. Doch was dann die Wahl zwischen diesen beiden verschiedenen Ausdrucksformen (der fabelartigen und der psychologischen) angeht, so würde ich auch hier sagen (wie für den Roman der reinen Darstellung im Vergleich zu dem essayistischen), daß sie weniger von den verschiedenartigen Gesellschaften oder Moden, sondern immer, vermutlich, von der verschiedenartigen *Psychologie* abhängen wird, die jeden Romanautor von einem anderen ebenso unterscheidet wie jeden Menschen von einem anderen. Ich nehme daher an, daß die Koexistenz dieser beiden Formen zu allen Zeiten ein natürliches Phänomen ist. (Es genügte, daran zu erinnern, daß ein und dasselbe Jahrhundert die Entstehung des psychologischen *Canzoniere* Petrarcas und den reinen Objektivismus des *Decamerone* erlebte...)

Durch eine besondere Forderung unseres Jahrhunderts gerechtfertigt hingegen erscheint mir der häufige und besondere Gebrauch der ersten Person bei den modernen Romanautoren. Es ist eine Tatsache, daß die unendliche und schillernde Vielförmigkeit (die sogenannte »Relativität«) des wirklichen Gegenstandes, auch wenn sie von den Sinnen und von der Intelligenz der Menschen schon immer wahrgenommen wurde, heute eine Errungenschaft aller Wissenschaften geworden ist, die sogar in ihren Dienst gestellt und mit spektakulärer Evidenz von der Praxis bestätigt wurde. Auch wenn man zugeben wollte (doch es wäre ein Fehler), daß zum Beispiel die Griechen der Antike an eine »absolute Wirklichkeit« glaubten, so wäre ein derartiger Glaube einem modernen Menschen unmöglich: Außer es handelte sich um einen Analphabeten oder einen Wilden. Und daher ist der moderne Romanautor in dem Augenblick, in dem er seine *Wahrheit* durch seine Beobachtung der wirklichen Welt fixiert, anstatt die Musen anzurufen, verleitet, ein sprechendes *Ich* (Protagonist und Interpret) zu erwecken, das ihm als Alibi dient. Wie um – zur eigenen Verteidigung – kundzutun: »Es versteht sich von selbst, daß die von mir dargestellte nicht *die* Wirklichkeit ist, sondern eine auf ein Ich in mir oder ein anderes Ich bezogene Wirklichkeit, wobei das andere Ich sich scheinbar von mir selbst unterscheidet, jedoch in seinem Wesen zu mir gehört und ich es jetzt ganz verkörpere.« So stellt sich die neu erfundene Wirklichkeit mittels der ersten Person in einer neuen Wahrheit dar.

Diese *verantwortliche erste Person* ist also eine moderne Bedingung, doch ist nicht gesagt, daß sie endgültig so bleibt. Heute ist die umfassende wissenschaftliche Reform der Welt noch eine Neuheit, die mitten im Gange ist: Und das Bewußtsein der heutigen Menschen leidet unter dem Zusammenprall. Es ist aber möglich (wünschenswert!), daß später, wenn dieses wissenschaftliche und industrielle Trauma aufgearbeitet ist, der Mensch wieder zu seiner Natürlichkeit zurückkehrt und sich, ohne geistigen Abscheu, wieder den unmittelbaren Vorschlägen der Wirklichkeit überläßt. So ist es zum Beispiel wahrscheinlich, daß im Zeitalter der großen astronomischen Entdeckungen manche Dichter in dem Augenblick, als sie den Mond »weißes Segel am Himmel«, »Jungfrau der Nacht« oder dergleichen nannten, eine gewisse Skepsis überkam. Doch dann sind die Astronomen Herren ihrer Wahrheit geblieben, und die Dichter haben sich wieder ihre eigenen Wahrheiten genommen, und durch die Jahrhunderte hindurch, bis zu Leopardi und Ungaretti, haben sie weiterhin den Mond in Madrigalen besungen, nicht mehr und nicht weniger, als Sappho es tat.

Die wissenschaftlichen Wahrheiten sind zweifellos legitim: Doch die poetischen Wahrheiten sind es gewiß nicht minder. Und niemals wird von den Dichtern wie in Zeiten wissenschaftlich-industrieller Diktatur verlangt, ihre Wahrheiten zu verteidigen wie ein bedrohtes Lehen, das ihnen gehört, aber ein für alle notwendiges Gut ist. Die Welt der Lebenden gliche nur noch einem Verfluchungs- und Vernichtungslager, wenn die Menschen aufhörten, in den wirklichen Dingen Symbole poetischer Wahrheit zu erkennen.

Eine solche notwendige Verteidigung der eigenen Wahrheit könnte jedoch niemals Unwissen oder Abwesenheit oder Verweigerung rechtfertigen. Im Gegenteil. Der Romanautor braucht (mehr als jeder andere Künstler) – heute ganz besonders – die Kenntnis der Strecken, die vor ihm zurückgelegt wurden, und des gegenwärtigen Standpunkts, von dem er ausgeht. Um reif zu sein für die eigene Wahl, muß der Romanautor in sich die allgemeine Prüfung erfahren haben, bis zur letzten Angst. Und er muß die Wahrheiten der Vergangenheit und die Kultur seiner Zeitgenossen in sich assimiliert haben. *Assimiliert haben* bedeutet jedoch eine Bereicherung und keine Vergiftung oder Verstopfung.

So wird der Schriftsteller im Augenblick seiner höchsten Aufmerksamkeit für die wirklichen Dinge (in dem Augenblick also, in dem er sich zu schreiben anschickt) Schweigen um sich schaffen und sich von jedem kulturellen Schutzschild, jedem Fetisch, jedem konformistischen Laster befreien müssen. Sein geprüftes und reifes Bewußtsein wird sich in jenem Augenblick sammeln und sich auf einen einzigen Punkt fixieren müssen: den wirklichen Gegenstand seiner Wahl, der ihm seine Wahrheit anvertrauen will. Mit dem abenteuerlichen und beinahe heroischen Gefühl dessen, der einen unterirdischen Schatz sucht, wird er nun jenes einzige Wort und kein anderes suchen müssen, das den genauen Gegenstand seiner Wahrnehmung in seiner Wirklichkeit darstellt. Genau dieses Wort ist die Wahrheit, vom Romanautor gewollt. Und genau hier, im Akt des Schreibens, wird der Autor auf diese Art und Weise nach und nach seine eigene Sprache erfinden. Es ist die Übung der

Wahrheit, die zur Erfindung der Sprache führt, und *nicht* umgekehrt. Mit reinen Wortübungen wird man – wenn diese Worte nicht von den Dingen her vertraut sind und im Dialog mit den Dingen diskutiert wurden – ein elegant gedrechseltes Produkt zustande bringen können, aber erfinden wird man nichts.

Das Problem der Sprache – wie jedes andere Problem des Romanciers – besteht und löst sich, zuletzt, in der psychologischen Wirklichkeit des Romanautors selbst, und zwar in der Innigkeit seiner Beziehung zur Welt. Das lebendigste Geheimnis einer neuen Sprache (das heißt geeignet, dem menschlichen Abenteuer in der wirklichen Welt neue Wege zu eröffnen) besteht in einer spontanen und uneigennützigen Sympathie des Romanciers mit den Gegenständen der Natur und des menschlichen Universums. Dies ist das oberste, lebenswichtige Gesetz, sonst kann keine neue Sprache hervorgebracht werden, die den äußeren Vergleichen des Lebens standhält. Und je näher der Romancier seiner vollkommenen Reife sein wird, um so einfacher und klarer wird seine Sprache werden. In der Tat, wenn die Wirklichkeit trübe ist, ist die Wahrheit natürlicherweise klar in ihren Farben. Und die schwierigste Kunst für den Romancier besteht darin, die durchsichtige Klarheit der Wahrheit in seiner Sprache zu spiegeln. Deshalb muß man sich über manche unserer jungen, geistvollen

Kritiker wundern: Sie verwenden ihren Geist auf die artifizielle Analyse artifizierter Seiten und erkennen nicht (weil verborgen, wie das Geheimnis des Lebens selbst), was (insbesondere heute) die schwierigste Arbeit oder die seltenste Gnade ist.

Wenn ich jetzt auf die Frage des Dialekts antworte, kann ich, so scheint mir, behaupten, daß der Dialekt – solange er nicht die Komplexität und die Lebenskraft erlangt, um sich zum universellen Ausdrucksmittel einer Kultur zu erheben – nicht »alles sagen« kann. Tatsächlich ist es die Funktion des Romans, eine Wahrheit auszudrücken und mitzuteilen, und jede Wahrheit muß sich, um in ihrer Absolutheit ausgedrückt und mitgeteilt zu werden, universeller Symbole bedienen, wie es die in der Kultursprache ausgewählten Symbole sind. Genau hier zeigt sich unweigerlich die Grenze jedes (auch genialen) im Dialekt geschriebenen Werkes: die zugleich natürlich auch die Grenze seines Autors ist.

Andererseits erscheint mir die maßvolle Verwendung von Wörtern und Formen der Umgangssprache (nicht nur der Dialekte, sondern auch der Jargons) im Roman nicht nur gerechtfertigt, sondern gesund und sogar notwendig, denn die Sprache würde ihre Lebensfunktion verlieren, wenn sie nicht vom Leben Nahrung erhielte. Diese Nahrung muß allerdings, um als solche zu gelten, assimiliert werden: Das heißt, daß solche Wörter oder Formen, die aus dem Dialekt oder dem Jargon stammen (oder auch vom Schriftsteller selbst bei dieser Gelegenheit erfunden wurden), sich durch die Qualität des Schriftstellers auf natürliche Weise in die der Kultursprache eigenen Werte einfügen müssen. Denn genau deshalb bemerkt man bei den wahren Romanen die Neuheit gewisser Wendungen kaum, so natürlich sind sie im eigenen Element der Sprache aufgegangen, während sie bei den anderen auffällt wie ein unverdauter, anorganischer Fremdkörper. Hier zeigt sich ihre Notwendigkeit oder ihre gewaltsame Einmischung – und hier läßt sich auch das Vorhandensein oder Fehlen eines echten Engagements bei der künstlerischen Arbeit erkennen. Weil im ersten Fall ein absolutes Bedürfnis nach Wahrheit den Gebrauch neuer Elemente in der Sprache verlangt, während er im zweiten nur einer äußerlichen Funktion des Pittoresken dient: entweder um dem Snobismus oder dem Komödiantentum oder auch dem Opportunismus des Autors selbst zu dienen.

Sehr häufig beruht der Gebrauch des Dialekts in den heutigen Romanen außerdem, besonders in den Dialogpassagen, nicht auf irgendeiner – legitimen oder unechten – Absicht, die Sprache zu bereichern oder das reale Territorium zu erweitern, sondern nur auf der derzeitigen Mode des *Dokumentarismus*, der wegen seiner falschen Anmaßung immer falsche Ergebnisse zeitigt. Die

*Malavoglia* sprechen keinen sizilianischen Dialekt wie ihre wirklichen Vorbilder, sondern italienisch, und das macht sie um so glaubhafter. Die Funktion des Romanschriftstellers beschränkt sich nicht auf das Registrieren der unbearbeiteten, gesprochenen Wirklichkeit (dafür genügte ein Tonbandgerät), sondern sie ist im Ausdruck der menschlichen Wahrheit begründet, die durch ihre realen Dialoge wiedergegeben wird. Es gibt nichts Unwirklicheres (sogar Gespenstischeres) als eine verfallene und tote Stimme, die »aus dem Leben gegriffen« aufgenommen wurde und nun von einem Automaten rezitiert wird. Und es gibt nichts Wirklicheres und für immer Lebendiges als einen beliebigen Dialog zwischen italienischen Liebenden am Hof von Parma, in französischer, Stendhalscher Sprache, wiedergegeben von seinem Erfinder Stendhal.

In der poetischen Wirklichkeit des Romans muß ein Dialog, damit er wirklich echt ist, erfunden sein. Die dokumentarische Transkription einer praktisch auditiven Wirklichkeit läuft Gefahr, auf den Seiten eines Romans zu einer leblosen Larve zu erstarren, die gar nichts aussagt.

Was die *rein visuelle Wirklichkeit* angeht, die von einer heutigen französischen Schule gepredigt wird (genannt, wenn ich mich nicht irre, *du regard*), so gestehe ich, daß ich bisher noch keines der aus dieser Schule hervorgegangenen Werke gelesen habe, doch ihre programmatische These flößt mir, so wie sie in dieser Umfrage formuliert ist, einige Bedenken ein. Ich frage mich in der Tat, für wen es je eine *rein visuelle Wirklichkeit* geben könnte außer für einen Fotoapparat, und im Namen welchen »Wahrheitswerts« der sonst ganz ausgebildete und komplexe Organismus eines Romanautors sich zwingen sollte, die Arbeit eines armseligen Mechanismus aus der Optikerwerkstatt nachzuahmen. Ich stelle mir vor, daß es sich um eine achtbare asketische Übung handeln kann: wie zum Beispiel mit Ohropax in den Ohren ins Konzert zu gehen, oder sich ausschließlich von Limonade zu ernähren. Aber ein Schauspiel der Askese, wie erbaulich es auch sein mag, stellt, für sich genommen, noch keinen Roman und auch kein Kunstwerk dar, und ich vermute deshalb, daß ich, im Rahmen dieser Umfrage über die Kunst des Romans, ohne allzu viele Gewissensbisse mein Urteil über solche asketisch-literarische Moden aussetzen kann. Um so mehr als auf die gegenwärtige Schule der *rein visuellen Wirklichkeit* in der nächsten Saison womöglich eine noch modernere Schule folgen kann: etwa eine, die eine *rein geruchs- oder geschmacksorientierte Wirklichkeit* predigt oder ähnliches. Und dann wird man ganz von vorn anfangen müssen, zumindest wenn man nicht als überholt dastehen will.

Ein weiteres sicheres Merkmal, das die mittelmäßigen und falschen Romanschriftsteller kennzeichnet, ist ihre Sorge – ihre programmatische Absicht –, ihren Zeitgenossen um jeden Preis »neu«, »modern« oder »avantgardistisch« usw. vorzukommen. Es ist durchaus verständlich, daß ein mittelmäßiger und falscher Romanschriftsteller sich darum sorgt, um jeden Preis die Neugier seiner Zeitgenossen zu erwecken: Denn ihm ist außer der, die seine Zeitgenossen ihm bieten, keine andere Gelegenheit gegeben, gelesen zu werden. Kommt erst eine neue Generation – oder vielleicht auch nur die nächste Saison –, wird seine falsche Wirklichkeit niemanden mehr täuschen. Während der wahre Dichter spürt (auch wenn er es nicht weiß), daß viele seiner Leser noch geboren werden müssen und daß seine Wirklichkeit für immer wahr ist.

Der wahre Romanschriftsteller sorgt sich nicht darum, und noch viel weniger macht er es sich zum Programm, neu und modern zu erscheinen; dennoch ist er es immer, auch wenn es sich zu Anfang den gewöhnlichen Menschen nicht offenbart und auch wenn er, einmal angenommen, versucht, es nicht zu sein. Und wie könnte er es nicht sein, wenn er als Mensch in seiner Zeit lebt, und wenn er als Künstler sogar (ob er will oder nicht) sensibler Mittelpunkt seiner Zeit und der zeitgenössischen Phänomene und der wirklichen »Beziehungen« ist!

Eine menschliche Erfahrung, aufrichtig empfunden und ausgedrückt, ist immer einzigartig und immer neu: Und ihr Wahrheitswert hat keine begrenzte Dauer, wenn ihre Darstellung das Werk eines wahren Dichters ist. Doch ist sie, eben als menschliche Erfahrung, notwendigerweise auch von den menschlichen Dimensionen des Raumes und der Zeit definiert, und deshalb wird sie auch, was immer sie bezeugen will, notgedrungen immer die von Raum und Zeit bestimmte Wirklichkeit bedeuten, innerhalb derer sie zum Ausdruck gekommen ist. Kurz, ein wahrer Romanschriftsteller wird – was immer die Begebenheit oder das subjektive, individuelle oder kollektive Schicksal sein mag, das seinen Romanen als Vorwand dient – notwendigerweise den zeitgenössischen und zukünftigen Generationen immer auch die verläßlichsten Wahrheiten über den »geographischen Ort« und über die »historische Zeit«, in denen er seine eigene menschliche Erfahrung gelebt hat, mitteilen. Petrarca beschreibt in einem psychologisch-intimistischen Epos (außerhalb jeder »Geschichte« und jeder »Nation«) seine heimliche Liebe zu einer verheirateten Frau: Und dennoch bleibt der *Canzoniere* eines der vollkommensten Bilder Italiens im 14. Jahrhundert. Der Roman *Die Verlobten* erzählt eine Geschichte aus der Zeit der Landsknechte – und doch zeigt er uns ein vollkommenes Bild des italienischen 19. Jahrhunderts. Kafka schreibt surreale Fabeln – und doch drückt keine mit Fotografien belegte Dokumentation gewisse entsetzliche Wahrheiten des gegenwärtigen Jahrhunderts so aus wie seine surrealen Fabeln etc.

Kurz, um zum Schluß zu kommen: Wenn heute, 1959, ein wahrer Dichter den Entschluß faßt, einen Roman über, sagen wir, den Algerienkrieg oder über Pia dei Tolomei oder gar über einen Tag aus dem Leben seiner Katze zu schreiben, wird sein Roman auf jeden Fall absolut modern und *engagiert* und menschlich und real sein, und er wird den gegenwärtigen und zukünftigen Generationen – über seine unermeßliche Bedeutungsvielfalt hinaus – auch ein vollkommenes Maß und ein *geschlossenes Porträt* des Jahres 1959 bieten. Während ein falscher Dichter sich abmühen kann, wie er will, um die jüngsten Kriegsereignisse oder den Start der Lunik oder das letzte Fußballspiel Rom–Neapel zu erzählen – sein Roman wird trotzdem auf keinen Fall modern sein, er wird keiner »historischen Zeit« und keinem realen Ort angehören und außerhalb jeder Dimension liegen. Er wird nämlich nur einen falschen, unwirklichen und leblosen Anschein erwecken, der gar nichts bedeutet.

Der Wert eines Romans, auch der *historische*, hängt nicht von den erzählerischen Vorwänden ab, sondern von seinen Wahrheiten. Es obliegt der Intelligenz, der Freiheit des Urteils und der Aufmerksamkeit der Zeitgenossen, ihre eigenen Wahrheiten – bis zu den verborgensten oder uneingestandensten – in den Darstellungen ihrer Dichter zu erkennen. Tatsache ist, daß auch die »historische Zeit« – wie alle konventionellen menschlichen Dimensionen – oft zu einem Vorurteil wird (bei Menschen, deren Geist nicht frei ist).

Ich würde mich dennoch auch vor dem gegenteiligen Vorurteil hüten. Die Kunst kann aus Prinzip keine Ablehnung der Konventionen betreiben. Die poetischen Symbole sind durch ihren universellen Wert alle in sich Konventionen: Ohne sie könnte keine poetische Wahrheit mitgeteilt werden. Die historischen Ereignisse, auch die aktuellen, haben den Dichtern in der Vergangenheit reichhaltige symbolische Werte geboten: in einem solchen Maß, daß daraus zum Beispiel ein Epos wie *Krieg und Frieden* hervorgegangen ist. Und wollte Gott, daß gewisse entsetzliche historische Phänomene unseres Jahrhunderts schon heute von einem Dichter als Symbole für offen daliegende Wahrheiten aufgegriffen werden könnten, um sie in einem poetischen Wert ohne Ende für uns Zeitgenossen und für die anderen wiederzugeben.

So dürfte heute nicht einmal die Möglichkeit eines »nationalen historischen Romans« ausgeschlossen sein. Bleibt nur zu klären, ob der Wert von Symbolen wie »Nation« und ähnlichem heutzutage nicht in Frage gestellt oder durch andere Werte ersetzt wurde. Doch eine solche Diskussion würde die Grenzen dieser Umfrage und auch meine Grenzen überschreiten.

Nun bleibt mir noch, zum Schluß auf die Frage (die in der Umfrage die erste ist) nach der Krise des Romans und der Künste im allgemeinen zu antworten. Doch vielleicht wird aus meinen vorhergehenden Antworten schon verständlich, daß ich – wenn man unter Krise (wie das heute viele tun) *tödliche Krise* versteht – nicht an die Möglichkeit einer solchen Krise glaube. Die Kunst ist eine notwendige Ausdrucksform der Menschen, denn »menschliche Person« bedeutet: *bewußtes Abenteuer in der wirklichen Welt, Imagination, verzweifeltes Verlangen nach Wahrheit, Religion der Zukunft und des Zeugnisablegens.* Ich würde hinzufügen: *Notwendigkeit, sich in der Schönheit zu erkennen,* aber ich will mit dem Wort *Schönheit* nicht zu viele meiner Freunde, denen es angst macht, erschrecken. Übrigens sind poetische Wahrheit und Schönheit ein und dasselbe: Sagen wir also, daß »die poetische Wahrheit als Spiegel« ein Grundbedürfnis des Menschen ist. Bliebe dieses Bedürfnis unbefriedigt, würde auch der elendeste und barbarischste Mensch verkümmern bis zum Tod. Daher kann man, außer man wollte eine endgültige Verrohung des Menschen annehmen (sozusagen ein Verschwinden der menschlichen Person von der Welt), eine tödliche Krise der Kunst nicht für möglich halten.

Wenn man dagegen unter Krise »Entwicklung« oder »Transformation« (oder auch »vorübergehende Finsternis« versteht, ist sicher, daß jede künstlerische Form, wie jeder andere Ausdruck des Menschen, an den periodischen Krisen der Gesellschaft und des Lebens teilnimmt: Ja, sie ist sogar ihr sensibles Zentrum. Unser Jahrhundert ist der Ort eines dramatischen Übergangs, der, in der Psychologie, die Form einer Angstkrise annehmen kann. So geschieht es, daß ein großer Teil der heutigen Künstler ihre eigenen, realen Bilder (die sie abstrakt nennen) dieser Angst in die Welt projizieren, und zwar, indem sie, auch wenn sie sich als Künstler bezeichnen, sehr oft im Akt des Sich-Ausdrückens selbst dem obersten Gebot der Kunst entsagen: der Form der Wahrheit, die durch die Wirklichkeit der Dinge ausgedrückt wird. Ihre Bilder beschränken sich darauf, die unbearbeitete Wirklichkeit ihrer Angst wiederzugeben. Und hier verbinden sich gewisse *Anhänger des Abstrakten* jeder Kunst kurioserweise wieder mit denen, die sie als ihr Gegenteil betrachten: nämlich mit den *Naturalisten* und den *Dokumentaristen*. Tatsächlich handelt es sich bei den einen wie den anderen um dasselbe Phänomen: das Registrieren einer unbearbeiteten Wirklichkeit – ob subjektiv oder objektiv ist unwichtig – unter Verzicht auf den Wert der Wahrheit und also der Kunst.

Auf einen solchen Verzicht – wenn auch auf

anderem Wege – beschränken sich letztendlich auch die Anhänger einer anderen (und in gewisser Weise entgegengesetzten) Form der *abstrakten Kunst:* jene, die, verängstigt vor der Fülle ihres Bewußtseins, dieses Zuschauers der Angst, flüchtend, sich selbst in die äußerste Wüste der mathematischen und räumlichen Verhältnisse verbannen. Man könnte für sie wiederholen, daß eine asketische Übung an sich kein künstlerisches Ergebnis bedeutet, doch es kommt einem der Verdacht, daß all diese Formen von »Askese« in der zeitgenössischen Kunst sich über sich selbst täuschen, auch in ihrer möglichen erbaulichen Anmaßung. Tatsächlich ist, was sie am Ende ihrer Flucht suchen, kein neues Lebensprinzip, sondern die letzte Sterilität des Todes.

Es bleibt in jedem Fall die Gewißheit, daß auch diese asketische *Abstraktion,* wie die vorherige Abstraktion, eine entschlossene Negation der Kunst ist. Denn sie strebt an, sich von den Gegenständen des realen Lebens zu entfremden, indem sie die Vielfalt der Symbole auf Null reduziert; während doch das erste Geheimnis der Kunst gerade in ihrer Sympathie mit den vielfältigen Gegenständen der wirklichen Welt besteht, die die Kunst, kraft ihrer Qualität, in immer neue Symbole der Wahrheit übersetzen können muß, so daß die Welt und das Leben ständig erneuert werden. »Eine Kunst ohne Gegenstände« ist ein Satz, der sich selbst ad absurdum führt – wie wenn man sagte: »Ein Leben ohne Lebende.« Seltsam erscheint in diesem Zusammenhang auch der heutige sentimentale Anspruch: Bestätigungen poetischer Werte ausgerechnet in den Negationen dieser Werte erkennen zu wollen. Doch mag ein solcher Anspruch schließlich und endlich eine Bekräftigung des immerwährenden verzweifelten Bedürfnisses nach poetischen Werten in der Welt bedeuten.

Man muß an dieser Stelle bemerken, daß die Abkehr von Symbolen und gewisse, durch Angst bewirkte »Regressionen« und »Reduktionen«, auch wenn sie ihre Hervorbringungen zwar nicht mit dem Titel *Kunst* rechtfertigen können, doch als solche nackte menschliche Erfahrungen darstellen. Die moderne Psychologie hat gelehrt, daß die Angst in ihrer Not oft in der gespenstischen Reduktion der Welt und in der Rückkehr zur Unordnung des Ungeformten und Vorgeburtlichen ein Heilmittel und eine Zuflucht sucht. Auch die Kämpfe mit höllischen Drachen, der Abstieg in die Unterwelt und die Durchquerung der nächtlichen Unwirklichkeit in den Mythen spiegeln angeblich diese gewöhnliche psychologische Erfahrung.

Ebenfalls in den Mythen liest man allerdings auch, daß der sonnige Protagonist (das heißt, die vernunftbegabte Vorstellungskraft, die sich des Schicksals bewußt ist) immer wieder aus der Prüfung der Nacht hervorgeht und der verwüsteten

Stadt die Befreiung bringt. Von ihm wird verlangt, daß er sich der Angst stellt, nicht um dem Tod zu gehorchen oder sich selbst zur Schau zu stellen, sondern um eines absoluten Wissens willen. Jeder Mensch kann stets in sich selbst eine Antwort auf die eigenen Fragen finden: auch auf die, die sogar die Wissenschaft oder die Geschichte oder die Religion in unsicherer Weise beantwortet. Diese letzte Antwort (die ihm aus seiner Vernunft und seiner Vorstellungskraft gleichermaßen erwächst) ist der klare Punkt der »poetischen Wahrheit«, den man in allen wirklichen Dingen erkennen kann.

Wenn die Welt sich an bestimmten dramatischen Übergängen befindet, wäre eine ungetrübte und uneigennützige Bewußtheit seitens der Künstler, und insbesondere der Schriftsteller, wünschenswerter denn je. Stellt doch der Schreiber poetischer Werke und besonders der Romanschriftsteller (darin kommt ihm vielleicht nur der tragische Dichter gleich) in der Welt die vollkommene Harmonie von Vernunft und Vorstellungskraft dar: Das heißt, das gesamte, freie menschliche Bewußtsein, das Einschreiten, das die Menschenstadt von den Ungeheuern des Absurden erlöst.

Ihm wird es nicht genügen, passiv die Anzeichen der Krankheit zu erkennen oder die Verwüstung und den allgemeinen Skandal aufzuzeigen. Ihm wird es darum gehen, die bittere Überfahrt der Angst mit offenen Augen durchzustehen (sozusagen): um auch noch inmitten des wüstesten und entstelltesten Durcheinanders den verborgenen Wert der poetischen Wahrheit wiederzufinden, damit er ihn den anderen übergeben kann. So haben es zum Beispiel Proust und James gemacht; so hat Svevo es gemacht; so hat Saba es gemacht (um von den anderen noch Lebenden zu schweigen). Joyce dagegen hat es *nicht* so gemacht im *Ulysses* (ich bitte die Joyceianer vielmals um Entschuldigung; im übrigen mag es durchaus sein, daß mein Standpunkt falsch ist – und in dem Fall werde ich ihn revidieren).

Ehrlich gesagt würde es mir ungerecht erscheinen, heute eine Krise des Romans zu verkünden: während doch gerade in den letzten Jahrzehnten wunderbare Romane hervorgebracht worden sind (und nicht wenige auch in Italien: durch eine Gunst des Schicksals, die den Italienern allerdings weder hinlänglich bewußt noch genügend Anlaß zu Dankbarkeit zu sein scheint).

Dank des Werks der großen Schriftsteller und der modernen Denker sind in unserem Jahrhundert neue faszinierende und noch geheimnisvolle Wege zur Erforschung der psychologischen Realität und der menschlichen Gesellschaft eröffnet worden. Ein dramatisches, grenzenloses Abenteuer voller Unwägbarkeiten bietet sich dem Bewußtsein der neuen Romanschriftsteller dar. Im Gegensatz zu dem, was manche Leute behaupten, würde ich sagen, daß vielleicht gerade eine neue, große Epoche für den Roman anbricht.

So scheint mir, auch im (bisher noch keineswegs bewiesenen) Fall einer Krise bei den anderen zeitgenössischen Künsten, daß diese Finsternis die Kunst des Romans nicht erreichen dürfte. Denn die gleichen Schatten, die heute die anderen Künstler bedrohen können, indem sie sich zwischen sie und die Wirklichkeit schieben, bieten sich dem Romanschriftsteller eher als Versuchungen zur Erkenntnis des Wirklichen an. Man darf nicht vergessen, daß der Romanschriftsteller naturgemäß nicht nur ein sensibles Bindeglied in der Beziehung zwischen Mensch und Schicksal darstellt, sondern auch derjenige ist, der diese immer verschiedene Beziehung studiert und historisch untersucht.

Ebensowenig dürften die »instrumentell« gearteten Motive einer möglichen Krise, die sich gegen die anderen Künste zu verschwören scheinen, die Kunst des Romans bedrohen, die sich im Wort ausdrückt und im Wort besteht. Das Wort erneuert sich ständig im Akt des Lebens selbst und kann (außer im Fall eines ungeheuren Zusammenbruchs der Zivilisation) nicht zu einem erloschenen und abgegriffenen praktischen Gegenstand verkommen. Jedes andere Arbeitsmittel kann verderben oder unbrauchbar werden, doch das Wort wird jeden Tag frisch wie eine Rose zusammen mit dem

Leben auf natürliche Weise neu geboren. So wird der Schriftsteller, auch wenn die modernen Musiker die elektronische Physik werden in Anspruch nehmen wollen und die Maler den Pinsel mit dem Sauerstoffgebläse vertauschen und die Bildhauer anstelle des formbaren Stoffs gezwirnte Schnüre verwenden, sich doch niemals ernstlich seiner Arbeit durch derartige Produktionsexperimente entfremden. Sein Mittel und sein Ausdruck sind eins. Man kann den Wert des Wortes nicht übertragen oder verdrehen, denn da die Wörter die Namen der Dinge sind, sind sie die Dinge selbst.

Eine Rose ist eine Rose ist eine Rose ist eine Rose.

Damit soll nicht bestritten werden, daß die Kunst des Romans heute vom Schriftsteller einen beinahe verzweifelten Willen zum Widerstand und ein ausschließliches Vertrauen auf seine dauerhaften Grundsätze verlangt. Der heutige Romanschriftsteller (natürlich spreche ich immer vom wahren Romanschriftsteller und nicht von seinen dutzendweisen Nachäffungen) kann derzeit auf keine lebende Gesellschaft zählen, die sein Werk versteht oder seiner Person gar das Bürgerrecht zuerkennt. Die notwendige, endgültige Beseitigung der sozialen oder ökonomischen Kasten (die im Geist und im Werk der Schriftsteller schon längst vollzogen ist) befindet sich in der Praxis der gegenwärtigen

Gesellschaften (auch der »fortschrittlichen« Gesellschaften) dagegen noch in einem verworrenen Stadium, wo sie durch Unwissenheit, Bestialität und nackte Angst behindert wird. So verfügen die neuen Klassen, die die antizipatorischen Wahrheiten der Poesie vielleicht schon – mit Intelligenz und Begierde und Frische der Empfindungen – aufnehmen könnten, noch nicht über die materiellen und kulturellen Mittel, die sie zu ihrer Aufnahme befähigten. Während die Kasten, die noch an der Führung der Staaten festhalten – oder sich mit Gewalt durchsetzen –, aus Leuten bestehen, die auf ihre animalischen Körperfunktionen beschränkt sind: hier durch die schamlose, unmögliche Selbsterhaltung und dort durch die blinde, unmögliche, gegen den Menschen gerichtete Repression.

Folglich müssen sich die zeitgenössischen Romanschriftsteller damit abfinden, die Wahrheiten, die ihnen die teuersten sind, fast immer Lesern zu widmen, die noch nicht geboren sind oder noch nicht lesen können. (Es ist klar, daß es sich hier nicht um die Fähigkeit handelt, Illustrierte oder Propagandazeitschriften zu lesen. Man kann zur Schule gegangen sein und perfekt die römischen oder kyrillischen Buchstaben kennen – und dennoch im Analphabetismus befangen sein.)

*El sueño de la razon produce monstruos* – der Schlaf der Vernunft bringt Ungeheuer hervor. Und in wenigen Epochen ist der Schlaf der Vernunft gefördert, behütet und begünstigt worden wie in der gegenwärtigen. Sogar die von der Wissenschaft hervorgebrachten Maschinen, die Denkmäler der Vernunft darstellen müßten, entpuppen sich vielmehr als träge Spender dieses senilen Schlafs. Und da ist es nur logisch, daß in einer solchen Industrie des Schlafs die wahre Kunst als subversive und wenig empfehlenswerte Einmischung betrachtet wird.

Tatsächlich rühmen die rückständigen Leute, die vom Mittelmeer bis Sibirien an der Regierung sind, von ganzem Herzen die schlimmsten Monster der Nicht-Kunst, und gern unterstützen sie die schmutzigsten Gazetten, wenn sie bereit sind, die wahren Künstler zu diffamieren. Wo immer es ihnen erlaubt ist einzugreifen, verwenden sich jene Generaldirektoren der Seelen dafür, jeden lebendigen Ausdruck der Wirklichkeit, der ja der Atem der Kunst ist, zu »knebeln« und möglichst zu strangulieren. Und während sie, wie es sich gehört, offiziell den Drogenhandel verdammen, verabreichen sie den Leuten dann Tag für Tag durch ihre Blättchen, ihren Rundfunk und ihr Fernsehen das Opium der Dummheit. Es gibt kein wirksameres Rauschgift als dieses, um ein Volk zu verderben und zu entwürdigen, und es gibt offensichtlich nichts Unmoralischeres, als diese Droge im staatlichen Handel zu vertreiben.

Zum Ausgleich wird heute im Westen und mehr

noch im Osten ungeheuer viel über die Aufgaben, die Pflichten, die Verantwortung der Schriftsteller diskutiert, und die Propagandisten der *guten Kunst* veranstalten sogar internationale Kongresse zu diesem Thema. Doch leider gehören derartige Propagandisten in der Mehrheit der Fälle – als Beamte oder Angestellte, als Verkäufer oder einfache Gläubige – gerade jenen Industriebetrieben des Schlafs an, von denen zuvor die Rede war. Und daraus läßt sich leicht ableiten, welcher Art die von ihnen gepredigte *gute Kunst* ist. Die oberste Tugend des Schriftstellers, also das Desinteresse an jedem anderen Vorteil außer der Wahrheit, verdammen sie aus Prinzip als ein Verbrechen. Und gerade diese Leute haben heute in bestimmten Gesellschaften die legislativen und exekutiven Gewalten in der Hand.

Ich weiß nicht mehr, welcher kluge Kritiker gesagt hat, ein wahres Kunstwerk könne man auch daran erkennen, daß es im Leser oder Betrachter immer ein Ansteigen der Vitalität hervorruft. Nun ist es leicht, allem Augenschein nach zu vermuten, daß die heutigen regierenden Kasten sich, wie uneins sie in den politischen Ideologien auch untereinander sein mögen, in einem Punkt doch alle einig sind: nämlich darin, von ihrem Standpunkt aus jedes mögliche erneute Ansteigen der Vitalität in den »unteren Klassen« für nicht besonders vorteilhaft und recht unbequem zu halten.

Tatsache ist, daß ein wahres Kunstwerk (und handelte es sich auch um die einfache Beschreibung eines Jasminzweigleins in wenigen Versen) immer revolutionär ist: Denn es ruft, wie schon gesagt, ein Ansteigen der Vitalität hervor. Deshalb bevorzugen alle Reaktionäre jedweder Partei die falsche Kunst, die nichts anderes hervorruft als den willkommenen Schlaf der Vernunft, und in manchen Fällen kann sie vielleicht sogar so gut sein, daß sie einen Kollaps auslöst.

Die Erscheinung einer neuen poetischen Wahrheit in der Welt ist immer beunruhigend und in ihren Auswirkungen immer subversiv: Denn ihr Auftreten bedeutet immer, auf irgendeine Weise, eine Erneuerung der wirklichen Welt. Sie stört also alle diejenigen, die die Welt gern endlich in ein geeignetes definitives Schema pressen würden, und sei es auch um den Preis, das Leben lahmzulegen. Deshalb ziehen sich die Spießbürger, aus einem atavistischen Instinkt heraus, vor jeder neuen poetischen Wahrheit, die auf der Erde erscheint, zurück wie vor etwas Unanständigem. Und deshalb haben bestimmte Diktatoren, die mit Heeren und mit Atombomben bewaffnet sind, Angst vor einem harmlosen Gedicht, das wild nur in seiner Schönheit ist, und verbieten ihm den Eintritt in ihre Grenzen.

Ich habe bemerkt (vielleicht ist es nur ein Zufall), daß die Personen, die am schnellsten bereit sind, von einer sicheren Krise der Kunst und insbesondere des Romans zu sprechen, meistens ganz bestimmten Menschentypen angehören, die in ihrem Herzen jede neue poetische Wahrheit fürchten und geneigt sind, ihr Erscheinen zu bestreiten, weil sie für ihre Pläne oder für ihre Vorteile zu gefährlich ist. Um so mehr müssen dann die Dichter den höchsten Wert der Poesie in Ehren halten und ihn vor eigennützigen Versuchungen schützen ... *Und die Krise wird zu Ende gehn* (wie ein Schlager in unserer Kindheit besagte).

Mir scheint, daß ich nun gewissenhaft alle Fragen der vorliegenden Umfrage beantwortet habe. Bleibt mir nur noch die letzte Frage: *Wer sind meine Lieblingsromanschriftsteller und warum*, und darauf antworte ich:

Homer; Cervantes; Stendhal; Melville; Tschechow; Verga.

Denn diese sechs Dichter rufen bei mir, wenn ich mit ihnen Umgang pflege, stets mehr als alle mir sonst noch bekannten ein außergewöhnliches Ansteigen der Vitalität hervor. So daß ich, mehr als einmal im Laufe meines (nunmehr doch schon längeren) Schicksals glaube ich, durch ihre Kraft sogar wieder zum Leben erweckt worden bin.

# Navona mia

Daß in der Innenstadt Roms keine Piazza den Vergleich mit ihr aushalten kann, ist schon gesagt worden, und zwar von einem zu angesehenen Kenner, als daß sich nunmehr irgend jemand erlauben könnte, ihm zu widersprechen. Ich jedoch will mich endlich vorwagen, um die letzte Heuchelei des hinterhältigen Vorurteils zu entlarven und die ganze Wahrheit zu erklären: daß nämlich die Piazza Navona die Königin aller Plätze ist, nicht nur in der Innenstadt Roms, sondern auf der ganzen Welt und vielleicht sogar (ich wäre bereit, darum zu wetten) im Universum.

Zumindest was die Erde angeht, gilt mein Zeugnis, denn wenige Erdenbürger können sich, glaube ich, so wie ich rühmen, die schönsten Plätze der Welt allesamt besucht und begangen zu haben. Oft sehe ich nachts, kurz vor dem Einschlafen, noch einmal das unglaubliche, mit den Wegen meiner früheren Reisen bemalte Gewölbe über mir, wie ein lichterflimmerndes Planetarium, das da und dort mit bunten Monden geschmückt ist. Und man versteht, daß die Monde die Plätze sind, die verlassenen, überfüllten, geschichtsträchtigen, zukunftsweisenden, verträumten, irren Plätze der Welt. Da ist der Platz von Aleppo und der Platz von Edinburgh, von Venedig und von Isfahan, von Capri und von Anguillara, von Brasilia und von Moskau, von Siena und von Peking... Piazza bella Piazza... Das Planetarium kreist, und seine

Angebote sind zweifellos verlockend. Hin und wieder überkommt mich eine Sehnsucht, doch handelt es sich dann immer nur um mondsüchtige Anwandlungen. In Wirklichkeit verblassen alle Monde, wenn die Sonne wieder aufgeht: Piazza Navona!

Ich weiß, daß mir dieses Madrigal von vielen italienischen Lesern zur Last gelegt werden wird als eine Art nationales Vergehen, kaum geringer als gewisse Epigramme Pasolinis. Die Ehre der Italiener im allgemeinen hat nämlich, ähnlich wie der Held Achill, einige verwundbare Stellen. Der Campanile zum Beispiel ist eine dieser verwundbaren Stellen – weshalb manche Italiener an Campanilismus leiden, was eine Art von Verfolgungswahn ist. Doch ich zögere nicht, alle Campanilisten Italiens herauszufordern. Sollen sie mich nur den Zensurkommissionen, den Präfekturen und Polizeipräsidenten melden, sollen sie mir doch verbieten, an offiziellen Empfängen teilzunehmen und die Adelszirkel zu frequentieren, sollen sie mich der Verunglimpfung zeihen, sollen sie mich entführen, mir Drohbriefe schreiben. Ich kümmere mich nicht darum. Auch wenn ich gelyncht werden sollte, ich werde bis ans Ende meinen unumstößlichen Refrain wiederholen: Die Piazza Navona hat nicht ihresgleichen! Sogar gewisse Campielli und selbst die Piazza San Marco (leider kann ich nicht umhin, dies festzustellen, wenn auch schweren

Herzens) bleiben im Vergleich ein wenig hinter ihr zurück. Die Piazza Navona ist außergewöhnlich! Sie ist die Größte!

Fangen wir zum Beispiel beim Namen an. Alle anderen Plätze leihen sich im allgemeinen den Namen eines anderen Subjekts, das ihnen Würde verleiht oder sie ziert: wie etwa eine Kirche oder ein Denkmal oder eine Säule oder ein uralter Baum oder ein verstorbener Würdenträger. Und sie ähneln darin den gewöhnlichen guten Frauen, die sich damit begnügen – oder sich gar dessen rühmen –, den Namen ihrer Ehemänner anzunehmen, und die ja in der Tat zu Recht *Hälfte* genannt werden. Die Piazza Navona dagegen ist keine Hälfte, sie ist ein Ganzes! Obgleich sie gewiß keine alte Jungfer ist (im Gegenteil, ihre fleischliche Üppigkeit ist die einer Matrone, die einer erhabenen Großen Dame), will sie von fremden Titeln und Kronen nichst wissen, weil sie sich selbst zur Königin gekürt hat. Ihren Namen hat sie von keiner anderen Autorität übernommen; er ist vielmehr ihr exklusives Eigentum, und sie hält ihn in Ehren. Und recht hat sie, meiner Meinung nach. Denn wo fände man einen sympathischeren, natürlicheren Namen als diesen? Navona! Dieser Name ist eine authentische Erfindung, eine Inspiration; er ist weder ein Familientitel noch ein Nachname noch ein Eigenname; er ist wirklich *der* Name, kurz, das Wort, das die Sache selbst bedeutet. Und diese

Sache ist sie: die Piazza, die den Mittelpunkt des Universums bildet.

Was ist in diesem vortrefflichen Namen nicht alles enthalten? Die Fülle ist darin und das Abenteuer, die Sünden und die Religionen, das Jüngste Gericht und der Vollkommene Ablaß; die Klassik ist darin und die Raumfahrten. Da sind die schönen Frauen und die drei Reiche der Natur. Kurz gesagt, einfach alles.

...»Mag sein, mag sein. Doch lassen wir den Namen. Was bedeutet schon ein Name?...«

(Dies ist eine erste Stimme, die protestiert, aber gewandt, zivilisiert. Nicht umsonst kommt sie aus Venedig.)

...»Und lassen wir auch jede historische, gesellschaftliche, ästhetische Wertung beiseite. Es versteht sich von selbst, daß Sie, Morante, nicht der Typ sind, sich auf derlei Streitereien einzulassen. Doch das Gold von San Marco zumindest, das Gold, wo tun Sie das hin? Und die Uhr mit den Mohren? Und die Tauben? Tauben gibt es dort keine, auf der Piazza Navona.«

Das ist wahr, es gibt keine Tauben dort, aber Katzen, die bei den Trattorien und Schenken ihren Unterhalt finden und sich nicht herablassen, mit den Touristen zu flirten, im Gegensatz zu gewissen Tauben. Was schließlich das Gold betrifft, so weiß Navona als große und prächtige Frau, daß ihr reifer Körper in der Liebe *goldener als Gold* ist, und sie macht sich weder die Mühe, sich mit Gold zu schmücken, noch kümmert sie sich darum zu gefallen, denn ihr genügt es zu sein, um geliebt zu werden.

Und was die Uhren angeht, so wäre das Vorhandensein derartiger Instrumente ein Widersinn auf der Piazza Navona, die in der Absolutheit der Wirklichkeit liegt, außerhalb der Dimension der Zeit. Ja, sogar die törichten bürgerlichen Autos bewegen sich dort in Schrittgeschwindigkeit, als wären sie sich ihrer zeitlichen Absurdität bewußt. (Navona hat es nicht nötig, sich mit Kanälen und Lagunen zu umgeben, um sich bei solchen plumpen kleinen Blechungeheuern Respekt zu verschaffen.)

»Lauter schöne Reden« (jetzt hat ein junger Mann aus der Provinz das Wort ergriffen) »aber der Geist der Moderne stellt seine Anforderungen! Wie fügt sich die Piazza Navona in die zeitgenössische Aktualität ein? Schauen Sie zum Beispiel einmal den Times Square an ...«

Du tust mir leid, mein Junge, denn du kommst aus der Provinz. Und deshalb, Kleiner, mußt du vor allem erst lernen, daß die ewigen Dinge, wie Navona, nicht *sich einfügen*, sondern *einfügen*. Und was den Times Square betrifft, warte noch fünfzig Jahre, dann wirst du schon sehen, wohin es mit seiner gegenwärtigen Aktualität gekommen ist. Während Navona dagegen im Alter von ich weiß nicht wie vielen Jahrhunderten jeden Morgen noch schöner erwacht.

»Miss Morante, Miss Morante« (das ist die Stimme eines amerikanischen Kritikers, sehr einschmeichelnd. Ihr werdet schon sehen, daß er versuchen wird, mich bei meinem persönlichen Ehrgeiz zu packen. In der Tat...) »... Miss Morante, Sie wissen, wie sehr ich *Arturos Insel* bewundere. Aber über die herausragende Qualität dieser berühmten Navona, es tut mir leid, das zu sagen, bin ich nicht einer Meinung mit Ihnen. Um es kurz zu machen, ich werde ihnen mit wenigen Worten erklären, daß ich Barock nicht mag.«

Barock! Manche Menschen scheinen glatt zu übersehen, daß gewisse Attribute (wie *barock* zum Beispiel oder *romantisch* oder sonstige) sich nicht in der engeren Bedeutung erschöpfen, die sie zum praktischen Gebrauch in den Nachschlagewerken und Lehrbüchern angenommen haben. In seinem vollen Sinn umfaßt das Barock, wie auch die Romantik, nicht nur eine bestimmte historische Epoche, sondern ist ein realer Bestandteil der Natur und der Phantasie, der der Fülle des Lebens nottut. Weshalb jemand, der erklärt: »Ich mag Barock nicht«, in Wirklichkeit sich selbst beschuldigt, nur ein halber oder gelenklahmer Mensch zu sein; nicht weniger, als wenn er zum Beispiel erklärte: »Ich mag die Frauen nicht«, oder: »Ich mag Feste nicht«, oder: »Ich mag das Meer nicht.« Im übrigen haben Sie, Herr Kritiker, nicht umsonst von *Arturos Insel* gesprochen, es aber unterlassen, einen anderen Roman derselben Autorin zu erwähnen, der noch viel schöner und wichtiger ist und *Lüge und Zauberei* heißt. Die Fähigkeit, diesen Roman zu schätzen, ist für mich ein unfehlbarer Test, der es mir erlaubt zu beurteilen, ob eine Person ein Ganzes ist oder nicht. Lesen Sie ihn, dann werden Sie vielleicht viele für die navonianische Realität notwendige Elemente verstehen, die Ihnen jetzt noch verborgen oder unbekannt sind. Wenn Sie dagegen weiter darauf beharren, sie nicht zu verstehen, tut es mir leid für Sie. Dann wird Ihnen nichts anderes übrig bleiben, als wieder auf irgendeinem Platz von Chicago ihre Mittagsruhe zu halten...

...»Ah! Genug! Genug! Genug!«

(Das ist Mailänder Akzent, ganz sicher. Ich habe es erwartet, aber ich werde mich der Auseinandersetzung stellen, auch wenn zur Verstärkung die ganze Hochfinanz eingreifen wird, und sogar, falls sie sich auf meinen Schutzheiligen Stendhal berufen werden.)

»Genug! Genug! Hier soll indirekt unsere Piazza del Duomo diffamiert werden! Wir werden uns nicht dazu herablassen, eine Diskussion über Architektur und Bildhauerei mit Ihnen anzufangen: lauter Themen, von denen Sie offensichtlich nichts verstehen; ebensowenig wollen wir über gewisse bürgerliche und soziale Verdienste reden, über die

Sie sich offensichtlich lustig machen. Aber schon allein die schlanken Türmchen? Wie viele Türmchen hat denn Ihr Platz? Und an die Muttergottes, haben Sie an die gedacht? Um nicht daran zu erinnern, in welch gelungener Synthese die Firmenschilder von Motta die Flammende Gotik mit der modernen Süßwarenindustrie verbinden.«

Tja. Navona kann kaum mit gotischen Türmchen Staat machen, das ist wahr, doch es gibt den Obelisken, der sich aus eigener Kraft aufrecht hält und, wie jeder weiß, eine Herausforderung für die Gesetze der Statik darstellt. Und eine Muttergottes fehlt, ich bestreite es nicht. Doch wird sie vertreten durch eine andere Jungfrau, die heilige Agnes: Ihr schönes Händchen auf die Brust gelegt, schwebt sie ganz allein hoch oben an der rechten Seite der Fassade, ohne daß irgendeine andere Statue als *Pendant* zu ihr (wie es eine übliche Symmetrie verlangte) die entsprechende linke Seite zieren würde. Da sieht man, wie die Grazie der Kunst, nicht weniger als die des Lebens, doch gern der Laune, der Freiheit und der Unbekümmertheit folgt! Tatsächlich könnte kein Meisterwerk der Bildhauerei, das man dort oben aus Gründen der Symmetrie anbringen wollte, je die geheimnisvolle Eleganz jener leeren Stelle wettmachen: So reizvoll wirkt sie, als hielte sie sich bereit, daß sich die begnadeten Seelen in Augenblicken der Sorglosigkeit auf ihr niederlassen können.

Und was die Süßwarenindustrie anbelangt, sind Sie, Herr Mailänder, je in der Dreikönigsnacht, der Nacht der berühmten Fee Befana, zufällig auf die Piazza Navona gekommen? Man kann dann dort nicht nur Pizze und Panettoni zu Hunderten finden (apropos, anscheinend hat die Befana selbst jemandem anvertraut, daß sie die Panettoni einheimischer Produktion am liebsten mag, die navonesker – das heißt, schmackhafter – und großzügiger mit Pistazien und Zibeben gefüllt sind), sondern man findet auch frisch hergestelltes Torrone und vor den Augen des Kunden handgesponnene Zukkerwatte. Den legendären Spielzeugjahrmarkt allerdings übergehe ich lieber, er ist ja nun, auch hier, geschändet durch die Präsenz jener ekelhaften Fernsehpuppen, die inzwischen ganz Italien verheert haben und mit denen die nationale Industrie die wahre Verführung Minderjähriger betreibt... Doch Navona mit ihrer wunderbaren Gesundheit verdaut zum Glück alles, verträgt alles, fegt alles hinweg.

»Glauben Sie bloß nicht, Sie können uns hier mit Ihren Romanen einwickeln!« (Das ist eine Florentiner Stimme.) »Reden wir lieber mal ein bißchen über Kunst. Glauben Sie wirklich, daß die Kolosse von Navona bei einem Schönheitswettbewerb gegen die Statuen unserer Plätze gewinnen würden?«

Was für ein Gedanke! Ganz gewiß nicht. Doch

Navona – ich hoffte, das schon bewiesen zu haben – ist eines jener wunderbaren Geschöpfe, die immer am schönsten sind, obgleich sie nicht die sieben Vollkommenheiten besitzen. Eure Plätze sind wahrhaftig so schön, daß man sie vorbereitet betreten muß, zerknirscht, wie wenn man in eine Kirche oder in ein Museum geht. Kurz, sie sind einfach zu schön, als daß man es wagte, einfach nur so, zum Kaffeetrinken, hinzugehen. Navona dagegen ist wie ein Zuhause, wo man aufatmet und sich ausruht; froh, dort zu verweilen, in ihrer Schönheit, aber frei, auch an anderes zu denken, genau wie wenn man in der Familie ist.

»Also hast du meine türkisfarbenen Kuppeln und die Schafe vergessen, die mitten auf dem schönen Platz im Gras weiden?...« (Das ist Isfahan, die hier spricht und versucht, mich mit orientalischer Exotik zu betören.)

Navona hat keine türkisfarbenen Kuppeln, nun ja; aber es gibt dort grüne Kletterpflanzen und bunte Blumen, die von den Balkonen herabwinken. Und begegnet man auch schwerlich Schafen, steht doch fest, daß man dort alle echten abenteuerlustigen, streunenden, heldenhaften Bastardhunde der Peripherie antreffen kann: Sie kommen aus ganz Rom herbei, um hier Siesta zu halten und Luftsprünge zu machen, ohne kraft Gesetzes verflucht und mit Fußtritten verscheucht werden zu müssen wie auf euren Plätzen, die Mohammed teuer sind. Navona ist nämlich eine wahre Königin, die alle gleich empfängt, Hunde und Katzen, Juden und Christen, große Herren und zerlumpte Bettler. Navona ist eine Heilige.

»He, bist du aber fanatisch!« (Endlich, das ist die Stimme eines römischen Mitbürgers, die sich da meldet.) »Ich zum Beispiel bin gebürtiger Römer und hier ansässig, aber auf die Piazza Navona habe ich in den dreißig Jahren meines Lebens nie einen Fuß gesetzt.«

Unseliger! (Um nichts schlimmeres zu sagen.) Worauf warten sie noch, der Bürgermeister und die Stadträte, dir die Bürgerrechte abzuerkennen? Ich dagegen gehe jeden Tag wenigstens kurz zu meiner Navona, um bei ihr Trost zu finden. Im Sommer gehe ich dorthin zur Sommerfrische: Wo findet man denn sonst noch eine Sommerfrische wie diese, mit vier Flüssen und Delphinen und Seepferden und Löwen? Abends gehe ich hin zum Abendessen: Und man kann sicher sein, daß in der ganzen Geschichte kein Kaiser je in einem schöneren Salon als diesem gespeist hat. Meistens aber gehe ich hin, um gar nichts zu tun, nur um mich zu versichern, daß es sie noch gibt: Denn solange es eine Navona gibt, gibt es noch etwas Hoffnung für diese Welt. Unter Umständen, wenn ich müde bin, schaue ich ihre schönen Paläste, die Kirchenfassaden, die Brunnen nicht einmal an; es genügt mir, sie um mich zu spüren, ganz warm von dieser überwältigenden Vitalität meiner Navona, die ausreichen würde, um eine ganze Bevölkerung aufatmen zu lassen. Ich höre das Geräusch des Wassers, die Stimmen der spielenden Kinder und denke für mich an jenes berühmte Gedicht von Sandro Penna:

*Schlafend wollte ich leben*
*im süßen Geräusch des Lebens.*

Aber ein großer Teil der Römer hat vielleicht noch nie etwas von Sandro Penna gehört. Sie wissen gar nicht, daß sie den größten Dichter der Welt hier in Rom haben, so wie sie auch nicht wissen, daß sie den bedeutendsten Platz des Universums hier haben. Im übrigen würden sie, selbst wenn sie es wüßten, vermutlich nicht viel darauf geben.

Zum Glück bin ich da, um dich zu verteidigen, Navona mia; doch auf die anderen Römer verlaß dich lieber nicht. Eine Million Römer mindestens wären bereit, dich im Tausch für einen Sechshunderter Fiat oder eine Juke-Box wegzugeben.

# Über die Erotik in der Literatur

Dieser Artikel wurde von Elsa Morante als Antwort auf eine Umfrage über die Erotik in der Literatur, veranstaltet 1961 von der Zeitschrift *Nuovi Argomenti*, geschrieben, ohne daß sie das Schema, nach dem die Fragen formuliert worden waren, sonderlich beachtete. Aus diesem Grund haben wir darauf verzichtet, die Fragen in den Anmerkungen am Ende des Buches wiederzugeben. (Anm. d. Hrsg.)

Ich habe kürzlich einen unvollendeten, unveröffentlichten und noch allen (aber hoffentlich nicht mehr lange) unbekannten Roman gelesen. In unserer fortwährenden Unreife, die tastend ihren Weg zur Klarheit sucht, kommen bestimmte Leseerlebnisse für uns wirklichen, von der Vorsehung geschickten Erfahrungen gleich: Durch ihr erhellendes Einschreiten wird rund um uns mit den kindischen Schreckgespenstern des gewöhnlichen Aberglaubens aufgeräumt. In dieser befreienden Funktion liegt, glaube ich, der Hauptgrund für die Kunst.

Der Autor des Manuskripts ist Umberto Saba, ein Dichter, den man wegen der Anmut seines Opfers in die Nähe eines Heiligen rücken kann. Und dieser Arbeit widmete er sich in den Tagen seines Alters, das sich schon zum Tod hinneigte: Als sein Opfer für ihn nun zur Tragödie wurde, und für die anderen zu absoluter Reinheit. So ist der Wert dieser Seiten schon festgelegt; doch ist es leicht vorherzusehen, mit welch jämmerlichen Kommentaren sie vermutlich empfangen werden, auch wenn sie natürlich durch Einwände so niederer Art nur eine Bestätigung ihrer Qualität empfangen.

Es werden darin die ersten erotischen (Liebes-) Erfahrungen eines Jungen geschildert: Und diese beginnen, als Abenteuer, mit einer jener Beziehungen, die – obgleich real und menschlich und gewöhnlich in der Natur – vom Aberglauben in ihrer

Art für tabu gehalten werden. Doch Sabas Junge ist zu seinem Glück gegen gewisse Tabus gefeit, die dafür verantwortlich sind, daß sich natürliche Wirklichkeiten in absurde und verbrecherische Ungeheuer verwandeln. Und während für andere, von den Tabus Verdorbene, eine derartige Erfahrung sich in eine irreale Begrenzung verwandeln könnte (die sie zu ständigen Sklaven einer Irrealität machen kann), bleibt sie für Sabas Jungen, was sie ist: eine einfache menschliche Begegnung, die an sich unschuldig ist (da er nicht davon korrumpiert wird) und nicht schädlich. Geleitet von seiner unschuldigen Sinnlichkeit und seiner spontanen Neugier auf das Leben, wird dieser ideale Junge so, wie er durch eine erste, zufällige Erfahrung gegangen ist, später auf natürliche Weise die Liebe der Frauen kennenlernen, eine geliebte Ehefrau haben, etc. etc.

Um diese Begebenheit zu erzählen, übt nun der teure und glückliche Saba keineswegs die Zurückhaltung, zu der auch ich (der Teufel soll mich holen) mich zwingen mußte, um sie hier oben zusammenzufassen. Er läßt in seiner Schilderung keine Einzelheit aus, wie *schwierig* und geheim sie auch sei, wenn sie ihm nötig erscheint; er beschönigt kein Wort. Doch dieselben Dinge, die, von anderen gesagt, obszön oder lächerlich oder schmutzig wirken könnten, offenbaren sich, wenn er sie in ihrer realen Klarheit ausspricht, als natürlich und ohne

Kränkung. Durchsichtig bleibt, am Ende der Lektüre, die seelische Bewegung der Affekte, dargestellt mit der bewußten Reinheit des reifen Bewußtseins.

Die Erklärungen dieses Phänomens können auf eine einzige reduziert werden: daß Saba eine grundsätzliche Achtung vor dem Leben und dem Menschen hat, ohne die es in der Kunst genauso wie in der Geschichte weder Realismus noch Freiheit gibt, sondern Knechtschaft und Rhetorik.

Die Erotik ist eine spontane Bejahung des Lebens und ein lebenswichtiger Bestandteil des menschlichen Wesens, und wenn man die Person des Menschen in ihrer Ganzheit respektiert, kann man die Erotik nicht als verwerfliches Thema behandeln. Das Laster bestimmter Gesellschaften und bestimmter Religionen besteht darin, daß sie die Person des Menschen aufgespalten und zur Hälfte für edel und zur Hälfte für verwerflich erklärt haben; und man hat auf den Vorabend des Atomzeitalters warten müssen, bis die Wissenschaft diese Realität verkündete: daß die Frustration der Erotik, genauso wie der Schlaf der Vernunft, Ungeheuer hervorbringt.

Doch ist ja nunmehr bekannt, daß die Wissenschaft in keinem Bereich dazu beiträgt, die Ungeheuer der kleinbürgerlichen Kulturen auszurotten, im Gegenteil, sie ist sogar bereit, sich in unheilvolle und erniedrigende Verbindungen mit ihnen einzulassen (deren herausragende Produkte einerseits die organisierte Massenvernichtung und andererseits die Fernsehunterhaltung sind). Vervielfacht und mit den Mitteln der Wissenschaft und der Industrie unaufhaltsam verbreitet, verpesten die Ungeheuer der kleinbürgerlichen Frustrationen hartnäckig weiter die Welt. Ihre letzte Feindin ist die Kunst, die sich, ihrer eigenen Definition nach, nicht mit der Verfälschung paaren kann.

Die herrschenden Klassen von heute – peinlicher Ausdruck der kleinbürgerlichen Kultur – brechen wirklich den Rekord der menschlichen Behinderung: Indem sie die Frustration der Erotik und den Schlaf der Vernunft verbinden. Und es versteht sich, daß sie zur Verteidigung ihrer Ungeheuer die Zensur der Kunst anstreben. (In einer von abergläubischen Tabus und von Ungeheuern freien Gesellschaft gäbe es keinen Grund für Zensur.) In ihrem grundsätzlichen Mangel an Achtung vor der Person des Menschen sehen sie nicht einmal, daß die Zensur, für sich genommen, obszöner ist als jede Pornographie: Denn sie verdirbt und entwürdigt den Menschen, indem sie ihm seine höchste Ehre verweigert, nämlich die Freiheit der Wahl.

Die Forderung, die Erotik aus der Kunst zu verbannen, ist ebenso unsinnig wie die Forderung, sie aus dem Leben zu verbannen. Doch unterliegen bestimmte, auf Erotik spezialisierte Schriftsteller in

Wirklichkeit auf konformistische Weise genau dem gesellschaftlichen und religiösen Aberglauben, dem sie sich angeblich nicht anpassen. Tatsächlich ist es klar, daß die Erotik für sie ein Skandal bleibt, eine Art schamvolles Geheimnis, das zur Belustigung anderer zur Schau gestellt werden kann: am Ende ein niederer Gegenstand für komischen Stil. Während doch die menschliche Erotik ebenso ehrbar ist wie jedes andere zur Darstellung des Dramas der Wirklichkeit notwendige Thema, sie ist geradezu Aufgabe der tragischen Dichtung, da sie das erste natürliche Element der Beziehungen und der Liebe ist. (Und Scham wird ihr nicht abgesprochen, solange diese Scham eine wirkliche Anmut der liebenden Natur ist und nicht eine absurde Angst der Stammesgemeinschaft.)

Während also die Aufrichtigkeit eines Saba dazu beiträgt, die Erotik von absurden Tabus zu befreien, verdammt die gewöhnliche skandalträchtige Darstellung anderer Autoren sie dazu, Sklavin dieser Tabus zu bleiben. Kurz, man könnte sagen, daß die erste Kunst ist und die zweite Verfälschung.

Anders verhält es sich mit jener erzählenden Literatur, bei der die herausfordernde Betonung der Erotik ein Mittel zum Bruch und zur Auflehnung gegen die Rückschrittlichkeit einer veralteten Gesellschaft sein will. Ihre Qualität rückt sie in die Nähe der orgiastischen Rituale, die bei Begräbniszeremonien die Prinzipien des Lebens vor dem

Verderben durch den Tod erretteten. Und zweifellos hat sie, auch wenn sie ihrer Rhetorik wegen oft gezwungenermaßen diesseits der Kunst steht, eine heilsame Funktion in der heutigen Kultur.

# Für oder wider die Atombombe

Ich habe gehört, daß manche Leute, als sie im voraus erfuhren, welches Thema ich gewählt habe, eine gewisse Verwunderung zeigten: als wäre dies meinerseits eine, sagen wir, merkwürdige Wahl. Mir hingegen erscheint es offensichtlich, daß kein Thema heute jeden Schriftsteller so unmittelbar angeht wie dieses. Außer wenn die Schriftsteller mit den Literaten verwechselt werden: Denn für die ist ja bekanntlich das einzig wichtige Thema die Literatur und ist es immer gewesen; doch dann muß ich Sie sogleich darauf aufmerksam machen, daß in meinem gewohnten Vokabular der *Schriftsteller* (der für mich übrigens vor allem ein *Dichter* ist) das Gegenteil des Literaten ist. Ja, eine der möglichen richtigen Definitionen des Begriffs *Schriftsteller* wäre für mich sogar folgende: *ein Mensch, dem alles am Herzen liegt, was geschieht, außer der Literatur.*

Also besteht kein Zweifel, daß das Wichtigste, was heute geschieht und was niemand ignorieren kann, dies ist: Wir, die Bewohner der *zivilisierten* Nationen im 20. Jahrhundert, leben im Atomzeitalter. Und wahrhaftig weiß das jeder, so daß das Adjektiv *atomar* bei jeder Gelegenheit wiederholt wird, sogar in Witzen und in Illustrierten. Was aber die volle und substantielle Bedeutung des Adjektivs betrifft, so geschieht es, daß die Leute sie zumeist mit einer (im übrigen verzeihlichen) Verdrängung abwehren. Und auch die wenigen, die

die effektive Bedrohung, die das beinhaltet, erkennen und sich davor ängstigen (wofür sie von den anderen für neurotisch, wenn nicht gar für verrückt gehalten werden), auch diese wenigen sorgen sich jedoch eher um die Folgen des Phänomens als um seine, sagen wir, biographischen Ursprünge und seine versteckten Motive. (Ich spreche selbstverständlich von den Laien, zu denen ja vermutlich die meisten von uns Anwesenden zählen.) Kurz, wenige fragen ihr Gewissen (während doch vielleicht genau hier das wahre »Atomkraftwerk« ist: im Gewissen eines jeden): Warum wurde ein wesentliches Geheimnis der Natur (vielleicht *das* Geheimnis der Natur), das hochentwickelte und wissensdurstige Völker an verschiedenen Orten und in unterschiedlichen Epochen schon seit der Antike ahnten, ausgerechnet erst im gegenwärtigen Zeitalter verifiziert und physikalisch entdeckt? Es genügt nicht zu antworten, daß im großen Abenteuer des Geistes die wissenschaftliche Verführung die der Imagination ersetzt hat – obwohl dies wie eine Antwort aussieht, bleibt es weiterhin eine Frage, die das Problem sogar nur noch dringlicher macht.

Doch niemand wird sich dabei aufhalten wollen, zu glauben, daß es sich um einen Zufall handelt; daß es also zu dieser entscheidenden Krise der menschlichen Welt nur gekommen ist, weil die menschliche Intelligenz, stets auf der Suche nach neuen Abenteuern, einen dunklen Weg unter anderen dunklen Wegen eingeschlagen hat und es sich traf, daß ihre Hexenmeister-Wissenschaftler auf dieser Strecke unvermutet das Geheimnis entdeckten. Nein: Alle wissen inzwischen, daß im kollektiven (ebenso wie im individuellen) Geschehen auch die scheinbaren *Zufälle* fast immer unbewußte Willensakte sind (die man, wenn man so will, durchaus *Schicksal* nennen kann), und somit Entscheidungen. Unsere Bombe ist die Blüte oder auch der natürliche Ausdruck unserer zeitgenössischen Gesellschaft, so wie Platons *Dialoge* Ausdruck der griechischen Stadt sind; das Kolosseum Ausdruck des kaiserlichen Roms; Raphaels Madonnen Ausdruck des italienischen Humanismus; die Gondeln Ausdruck des venezianischen Adels; die Tarantella der gewisser ländlicher Bevölkerungen des Südens; und die Vernichtungslager Ausdruck der kleinbürgerlichen bürokratischen Kultur, die schon von der Tollwut des atomaren Selbstmords befallen ist. Es muß selbstverständlich nicht erklärt werden, daß unter *kleinbürgerlicher Kultur* die Kultur der gegenwärtig herrschenden Klassen verstanden wird, welche von der Bourgeoisie (oder von bourgeoisem Denken) in all ihren Abstufungen repräsentiert werden. Zum Abschluß, in wenigen und nunmehr auch schon überstrapazierten Worten: Man könnte meinen, daß die heutige Menschheit die geheime Versuchung spürt zu zerfallen.

Man wird unterstellen, daß der Urkeim zu dieser Versuchung schicksalhaft bei der Entstehung der menschlichen Gattung gelegt wurde und sich mit ihr entwickelt hat, und deshalb wäre, was heute geschieht, nur die notwendige Krise ihrer Entwicklung. Doch dies hieße nur, die Hypothese erneut aufzustellen. Das gleichzeitige Vorhandensein des Lebenstriebs (Eros) und des Todestriebs (Thanatos) in der menschlichen Psyche ist inzwischen allgemein bekannt. Was den Todestrieb betrifft, könnte man theoretisch, das heißt ohne logische Willkür, sogar die heiligen Schriften aller Religionen dahingehend lesen und interpretieren, daß alle, und nicht nur die indische, die letztendliche Vernichtung als einzigen Punkt möglicher Seligkeit lehren. Und tatsächlich sprechen einige Psychologen von einem *Nirwanatrieb* im Menschen. Doch während man das von den Religionen versprochene Nirwana auf dem Wege der Kontemplation, der Selbstentsagung, der universellen Barmherzigkeit, kurz, durch eine Einigung des Bewußtseins erlangt, kommt man zu seinem bösartigen kleinbürgerlichen Surrogat, wie unsere Zeitgenossen es verstehen, eben durch den Zerfall des Bewußtseins, mittels der organisierten Ungerechtigkeit und Verblödung, der entwürdigenden Mythen, der krampfhaften, grausamen Langeweile, und so fort. Die berüchtigten Bomben schließlich, diese ungeheuerlichen Menschenfresserinnen, die in den am besten geschützten Zonen Amerikas, Asiens und Europas schlummern, behütet, bewacht und im Müßiggang gehalten, als wären sie ein Harem: von Diktatoren, von Demokraten und von allen anderen – sie, unser weltweiter Atomschatz, sind nicht die potentielle Ursache des Zerfalls, sondern der notwendige Ausdruck dieser Katastrophe, die schon im Bewußtsein wirkt.

Jetzt will ich Sie gewiß nicht mit einer millionsten Beschreibung der augenscheinlichen Aspekte der Katastrophe bedrücken, wie sie sich im gesellschaftlichen Alltag darstellen; dies wird ja ununterbrochen in Essays, Vorträgen und Abhandlungen zur Sprache gebracht und registriert. Und im übrigen ist es so auffällig und bedrängend, daß sogar unsere armen Gefährten, die Tiere (Hunde, Katzen, ganz zu schweigen von den allerunglücklichsten Hühnern), fühlbar die davon ausgehende Qual empfinden. Nein, ich erspare Ihnen dieses berüchtigte Bild, zumal ich ohnehin schon Gewissensbisse habe, daß ich hierhergekommen bin, um über ein so düsteres Thema zu sprechen, anstatt Sie mit einem schönen Märchen zu unterhalten (gewisse Liebhaber meiner Bücher versuchen nämlich, deren Absatz zu fördern, indem sie sie als eine Art Märchen ausgeben!!!).

Und noch weniger stelle ich mir die Aufgabe, jetzt eine propagandistische Predigt gegen die Bombe zu halten (außerdem führe ich mit gewissen

Propagandisten dieses Typs polemische Auseinandersetzungen). Nein, ich Ärmste, wer gäbe mir so viel Mut und so langen Atem? Und schließlich bin ich ja selbst Bürgerin der heutigen Welt: Auch ich bin vielleicht der universalen äußersten Versuchung ausgesetzt. Daher wird es, solange ich mich nicht wirklich frei davon fühle, besser sein, daß ich nicht so angebe.

Gleichzeitig jedoch habe ich das Glück und die Ehre, der Gattung der Schriftsteller anzugehören. Seit ich zu sprechen begonnen habe, kann man sagen, habe ich mich verzweifelt für diese Kunst begeistert, oder besser, für die Kunst im allgemeinen. Und ich hoffe, nicht zu anmaßend zu sein, wenn ich glaube, durch meine lange Erfahrung und meine lange Arbeit wenigstens eines gelernt zu haben: eine offenkundige, elementare Definition der Kunst (oder Dichtung, da für mich diese beiden Wörter als Synonyme zu verstehen sind).

Hier ist sie: *Kunst ist das Gegenteil von Zerfall.* Und warum? Einfach deshalb, weil der eigentliche Grund der Kunst, ihre Rechtfertigung, die einzige Ursache ihres Daseins und Überlebens, oder, wenn man das vorzieht, weil ihre *Funktion* genau dies ist: den Zerfall des menschlichen Bewußtseins in seinem tagtäglichen, zermürbenden und *entfremdenden* Umgang mit der Welt aufzuhalten; ihm im unwirklichen, bruchstückhaften und *abgenutzten*

Wirrwarr der Außenbeziehungen immer wieder die Integrität des Wirklichen oder, in einem Wort, *die Wirklichkeit* zurückzugeben (aber Vorsicht vor den Betrügern, die unter dem Markenzeichen der Wirklichkeit künstliche und verderbliche Fälschungen bereithalten). Die Wirklichkeit ist fortwährend lebendig, zündend, aktuell. Sie kann weder beschädigt noch zerstört werden, und sie verfällt nicht. In der Wirklichkeit ist der Tod nur eine andere Bewegung des Lebens. Als Ganzes ist die Wirklichkeit die Ganzheit selbst: In ihrer vielförmigen und schillernden, unerschöpflichen Bewegung – die zu erforschen man nie fertigwerden kann – ist die Wirklichkeit eine, immer eine.

Wenn also die Kunst ein Abbild der Wirklichkeit ist, so wäre es zumindest ein begrifflicher Widerspruch, wollte man irgendeine Art oder ein Erzeugnis des Zerfalls (zerfallfördernd oder zerfallen) mit dem Titel *Kunst* belegen. Dieser Titel ist selbstverständlich nicht gesetzlich geschützt, und er ist weder heilig noch unantastbar. Es steht jedem frei, als Kunst zu bezeichnen, was ihm paßt, doch auch mir steht es frei, wenn es mir paßt, denjenigen zumindest einen Spaßvogel zu nennen. Genauso wie es mir freistünde, einen Herrn als Spaßvogel zu bezeichnen, der – um es in einem hypothetischen Beispiel zu sagen – darauf beharrte, mir einen an der Decke befestigten Haken mit dem Namen *Stuhl* anzubieten.

Doch dann muß man sich die Frage stellen: Da die Kunst keinen Grund hat dazusein, wenn nicht um der Ganzheit willen, welches Amt könnte sie dann *innerhalb* des Systems des Zerfalls übernehmen? *Keines.* Und wenn die Welt in ihrer riesigen Masse dem Zerfall entgegeneilte, als wäre er ihr höchstes Gut, was bliebe einem Künstler zu tun (aber von diesem Augenblick an werde ich, wenn Sie erlauben, als besonderen Bezugspunkt, der für jeden Künstler im allgemeinen gilt, den Schriftsteller betrachten) – der, wenn er wirklich ein Künstler ist, nach Ganzheit (nach Wirklichkeit) strebt als der einzigen, für sein Bewußtsein befreienden und freudigen Lage? Er könnte nur noch wählen. Entweder gelangt er zu der Überzeugung, daß er im Irrtum und im Unrecht ist. Und daß jene absolute Gestalt der Wirklichkeit, die geheime und einzige Ganzheit der Dinge (die Kunst) nur ein von seinem eigenen Wesen hervorgebrachtes Gespenst war – ein Trick des Eros, könnten wir sagen, um die Täuschung aufrechtzuerhalten. In diesem Fall wird er seine Funktion unweigerlich erlöschen fühlen, sie wird ihm sogar schlimmer als überflüssig vorkommen, abstoßend wie das Delirium eines Drogensüchtigen. Und folglich wird er zu schreiben aufhören.

Oder aber der Schriftsteller gelangt zu der Überzeugung, daß der Irrtum nicht auf seiner Seite besteht. Daß nicht er, sondern seine Zeitgenossen in ihrer riesigen Masse im Irrtum sind. Daß, kurz gesagt, nicht Eros, sondern Thanatos der Falschspieler ist, der seine monströsen Visionen vorgaukelt, um die Menschen und ihr Bewußtsein zu erschrecken und zu verwirren, um sie von ihrer einzigen Zufriedenheit abzubringen und sie von der wirklichen Erklärung abzulenken. So daß sie, auf ihre reine Existenzangst reduziert, auf der Flucht vor sich selbst und damit vor der Wirklichkeit sich wie jemand, der zur Droge greift, mit Unwirklichkeit betäuben, was die tiefste Entwürdigung ist – nie in ihrer ganzen Geschichte haben die Menschen dergleichen gekannt. *Entfremdet* sind sie dann auch im Sinne der endgültigen Verweigerung; denn auf dem Weg der Unwirklichkeit gelangt man nicht ins Nirwana der Weisen, sondern genau das Gegenteil, das Chaos, das die tiefste Regression ist und die angstvollste.

In diesem zweiten Fall also, das heißt, wenn der Schriftsteller die wahnerzeugende Pest nicht in sich selbst, sondern in der Gemeinschaft erkennt, wird er noch eine letzte Wahl zu treffen haben. Und zwar wird er entweder jenen allgemeinen Ruin für schon zu fortgeschritten und unaufhaltsam erachten, und sich selbst jedenfalls für unfähig, die Prüfung zu bestehen, da er vielleicht auch in sich selbst schon die ersten Anzeichen der Ansteckung bemerkt. Dann wird es wünschenswert sein, daß er sich rettet, daß er fortgeht, vielleicht in einen Wald, was immer ihm am liebsten ist, auf eine Ozeaninsel, in eine Wüste voller Säulen, wo er als Säulenheiliger leben kann. Denn es ist ja (allen Verfechtern, Höflingen und Aposteln des Zerfalls zum Trotz) eine Tatsache, daß sowohl für die Hygiene als auch für die Wirtschaft und eigentlich für das Leben des Universums ein wirkliches, denkendes Subjekt oben auf einer Säule (und wäre es auch der einzige Überlebende) immer noch besser sein wird als ein zugerichtetes überzähliges, fernsehüberwachtes und für die Atombombe aufpoliertes Objekt. Nach einer intuitiven Logik der Ereignisse würde ich sogar noch sagen, solange der dort oben es aushält, auf seiner Säule Gedichte zu schreiben, wird die Atombombe Mühe haben zu explodieren.

Oder schließlich die letzte und lustigste Hypothese: Der Schriftsteller findet noch ein gewisses Vertrauen auf die allgemeine Befreiung und zugleich die Sicherheit, daß er selbst von der Katastrophe noch unberührt und fähig ist, ihr zu widerstehen. Und in diesem Fall, daran besteht kein Zweifel mehr, wird seine *Funktion* als Schriftsteller wiederum, um jeden Preis, sich nicht nur ihm als gesellschaftlich nützlich zeigen, sondern nützlicher sein, als sie je zuvor in der Geschichte gewesen ist. Denn, wenn die Unwirklichkeit ihren schmutzigen Einzug hält, kann die Kunst, die ja die Wirklichkeit wiedergibt, nahezu die einzige Hoffnung der Welt darstellen. In einer Menschenmenge, die einer Täuschung ausgesetzt ist, kann schon die Anwesenheit eines einzigen, der sich nicht täuschen läßt, einen ersten Pluspunkt bedeuten. Doch der Punkt vervielfacht sich dann tausend- und hunderttausendmal, wenn dieser eine ein Schriftsteller ist (ein Dichter, versteht sich). Auch ohne es zu bemerken, ist der Dichter aufgrund seines Instinkts unweigerlich dazu bestimmt, Täuschungen aufzudecken. Und ist ein Gedicht erst einmal auf den Weg gebracht, ist es nicht mehr aufzuhalten, sondern es vervielfacht sich und breitet sich in Windeseile nach allen Seiten aus, auch dort, wo der Dichter selbst es niemals erwartet hätte.

Natürlich wird es sich quälen müssen, das arme Gedicht, um sich durch die tödlichen Märkte der hienieden unten sogenannten *Entfremdung* hindurch im wütenden Getöse der offiziellen Machenschaften, das der Langeweile der armseligen *Entfremdeten* heilig ist, Aufmerksamkeit zu verdienen. Unter vielen härteren Prüfungen des Widerstands ist der Lärm der Langeweile besonders zermürbend. Und zuweilen wird den Schriftsteller die Lust überkommen, alle zum Teufel zu schicken mitsamt ihren Comic-Heftchen, ihren Schlagersängern und ihrem Zyklotron. Und selbst endgültig ein Schiff zu besteigen wie Rimbaud, oder auch in die Wüste voller Säulen zu seinen Gefährten, den Säulenheiligen, zu ziehen. Doch dann wird er es entweder nicht tun oder, nach jeder Flucht, wieder zurückkommen: Denn es liegt in seinem Wesen, daß er die anderen braucht, besonders die, die anders sind als er. Ohne die anderen ist er ein unglücklicher Mensch.

Also bleibt er auf dem Plan – dort, wo sich nunmehr das System des Zerfalls oder auch die Unwirklichkeit ausbreitet. Aber natürlich nicht als Funktionär oder als Untertan des Systems (gäbe er sich dazu her, wäre er verloren). Und auch nicht als einfacher Außenstehender oder Zeuge, der über das System berichtet; denn die Kunst kann, nach ihrer eigenen Definition, nicht bei der Anklage stehenbleiben: Sie will anderes. Wenn der Schriftsteller zum Antagonisten des Zerfalls prädestiniert ist, so deshalb – wie wir gesehen haben –, weil er über dessen Gegenteil Zeugnis ablegt. Wenn er, als Mensch, am angstvollen Leben seiner Zeitgenossen teilgenommen hat, wenn er ihre Gefahren geteilt und ihre Furcht erkannt hat (die Furcht vor dem Tod), dann hat er danach, als Schriftsteller, allein den irreführenden (erbaulichen oder unheimlichen) Ungeheuern, die diese blinde Furcht hervorgebracht haben, sozusagen direkt ins Gesicht sehen und ihre Unwirklichkeit aufdecken müssen, indem er sie mit der Wirklichkeit vergleicht, für die Zeugnis abzulegen er ja gekommen ist.

Vor nicht länger als fünf oder sechs Jahren (allerdings sehe ich mich, wenn ich mich mit dem heutigen Abstand betrachte, damals, obgleich seither gar nicht so viel Zeit vergangen ist, sehr jung und sehr optimistisch) schrieb ich einen Essay über den Roman, in dem ich unter anderem, mit anderen Worten, etwa das gleiche sagte, was ich hier gesagt habe. Und ich verglich in diesem Zusammenhang die Funktion des Romanautors und Dichters mit der des sonnigen Protagonisten, der in den Mythen den Kampf mit dem nächtlichen Drachen aufnimmt, um die entsetzte Stadt zu befreien. Obgleich ich weniger optimistisch bin als damals, schlage ich hier wieder dasselbe Bild vor. Doch falls jemand ein anderes, weniger episches und vertrauteres Bild vorzieht, werden wir noch das von Geppetto hinzufügen, wie er Pinocchio (der nunmehr seine endgültige Gestalt als wahre menschliche Person angenommen hat) die elendiglich über dem Stuhl hängenden Reste der Marionette zeigt, ihm dann einen Spiegel vorhält und zu ihm sagt: »Schau, und das bist du.«

Man möge mich nun um Himmels willen nicht mißverstehen (das hätte mir gerade noch gefehlt!) und aus meinen Worten folgern (oder zu folgern vorgeben), daß der Spiegel der Kunst ein *optimistischer* Spiegel zu sein habe. Die große Kunst ist in ihrer Tiefe sogar immer pessimistisch, weil die wirkliche Substanz des Lebens tragisch ist. Die große Kunst ist in ihrer Substanz tragisch, auch wenn sie komisch ist (man denke an *Don Quijote*, den schönsten aller Romane). Wenn ein Schriftsteller, um *gute Gefühle* nicht zu verletzen oder um *edlen Seelen* zu gefallen, die wirkliche Tragödie des Lebens, die ihm anvertraut wird, verfälschte, dann beginge er das, was im Neuen Testament zum schlimmsten Verbrechen erklärt wird: die *Sünde wider den Geist*, und wäre kein Schriftsteller mehr. Die wirkliche Bewegung des Lebens ist von Begegnungen und Gegensätzen, von Paarungen und Blutbädern gezeichnet. Kein lebendiger Mensch bleibt von der Erfahrung des Geschlechts, der Angst, des Widerspruchs und der Deformation ausgeschlossen. Und die Alternativen des Schicksals sind Elend oder Schuld, Aufgabe oder Verletzung.

Die Reinheit der Kunst besteht nicht darin, jenen Regungen der Natur auszuweichen, die das gesellschaftliche Gesetz mit seinem undurchsichtigen Verfahren als pervers oder unanständig zensiert, sondern darin, sie spontan wieder in die wirkliche Dimension aufzunehmen, wo sie als natürlich und daher unschuldig erkannt werden. Die Eigenschaft der Kunst ist befreiend und daher in ihren Auswirkungen immer revolutionär. Jeder Augenblick der wirklichen und flüchtigen Erfahrung wird, durch die poetische Aufmerksamkeit, ein religiöser Augenblick. Und in diesem Sinn kann man von Optimismus sprechen. Obgleich es dem Dichter, wie jedem Menschen, im langen Verlauf seiner Existenz zustoßen kann, daß er vom Unglück auf das nackte Maß des Grauens gestoßen wird, bis hin zu der Gewißheit, daß sein Geist fortan dem Gesetz dieses Grauens unterliegen wird, ist nicht gesagt, daß dies die letzte Antwort seines Schicksals sein wird. Wenn sein Bewußtsein nicht in die Unwirklichkeit hinabsinkt, sondern vielmehr das Grauen selbst sich in ihm in eine wirkliche Antwort (Poesie) umsetzt, dann wird er an der Stelle, an der er seine Worte zu Papier bringt, einen Akt des Optimismus vollziehen.

Zu der Zeit, als in Europa die Lager in Betrieb genommen wurden, lebte in Ungarn ein junger jüdischer Dichter namens Miklós Radnóti, der hübsch anzusehen und lustig war und den Mädchen gefiel. Obgleich ich, da ich nicht Ungarisch kann, von seinen Versen nur jene notwendig reduzierte und annähernde Vorstellung habe, die Übersetzungen vermitteln können, meine ich, behaupten zu dürfen, daß er mit Sicherheit, seinem Wesen und seiner Neigung nach, ein Dichter war. Er war natürlich unter den ersten, die festgenommen wurden, und verbrachte den Rest seines kurzen Lebens in den Lagern, gewissermaßen das ideale und höchste Modell der Stadt im System des Zerfalls. Bis zu dem Tag, an dem ein Aufseher des Lagers ihn dann mit einem Schuß in den Hinterkopf liquidierte, nachdem er ihn das Grab hatte schaufeln lassen. Sein letztes Gedicht wurde genau dort geschrieben, neben jener Grube, wo später seine Überreste wiedergefunden und die Verse gerettet wurden, die er im Lager geschrieben hatte, auf ein paar schmutzige Zettel. Seine Existenz ist zu der Zeit, als er diese Verse schreibt, reduziert auf gespenstisches Grauen: auf das Lager; und ihr Thema ist nur ein einziges: das Lager. In einem Gedicht heißt es: *Das Heft, die Taschenlampe, alles haben die Lageraufseher mir genommen. Ich schreibe meine Verse im Dunkeln*... In dem letzten Gedicht (in dem er schon die Einzelheiten seiner bevorstehenden Exekution beschreiben kann, da er seinem eigenen Ende durch das Ende seiner letzten Gefährten sozusagen schon beigewohnt hat) heißt es: *Der Tod ist nun eine Blüte der Geduld.* Und so ist uns wunderbarerweise der Beweis geblieben, daß selbst in der »vollkommenen« Maschinerie des Zerfalls, die ihn physisch vernichtete, sein wirkliches Bewußtsein unversehrt blieb.

Er starb 1944. Doch ich habe erst vor kurzem erfahren, daß es ihn gegeben hat. Und die Entdeckung, daß es diesen Jungen hat geben können auf der Welt, war für mich eine sehr freudige Nachricht. Was diesem ermordeten Jungen widerfahren ist, ist ein unerhörter Skandal für die organisierte Bürokratie der Konzentrationslager und der Atombomben. Ein Skandal, nicht wegen des Mordes, der zu ihrem System gehört, sondern wegen des posthumen Zeugnisses der Wirklichkeit (das

Freudige an der Nachricht), das gegen ihr System ist.

Logischerweise weiß derjenige, der in die Stadt gekommen ist, um den Drachen zu töten, oder (in aktuelle Begriffe übersetzt) der Schriftsteller, der sich als unbeirrbarer Gegner im System bewegt, daß ihn in extremen Krisensituationen schwere Tage erwarten und daß sein Weg in jedem Fall nie leicht oder angenehm ist. Es ist eine Tatsache, daß im organisierten System der Unwirklichkeit die Anwesenheit des Schriftstellers (also der Wirklichkeit) immer ein Skandal ist, auch wenn er in den Phasen sozialen Waffenstillstands toleriert wird. Toleriert und sogar umworben und umschmeichelt. Aber auf dem Grund der Schmeicheleien und Schöntuerei bleibt immer ein Ärger, der in einem rachsüchtigen Schuldgefühl und auch in einem unbewußten Neid wurzelt. Denn (und hier wird die Hoffnung noch einmal gerettet) die Wirklichkeit, und nicht die Unwirklichkeit, bleibt das natürliche Paradies aller Menschen, zumindest solange sie sich noch nicht in ihrer sichtbaren Körperstruktur verändert haben. Also noch keine *Mutanten* geworden sind, wie es im Atomjargon heißt.

Das System des Zerfalls hat logischerweise seine Funktionäre, Sekretäre, Parasiten, Höflinge usw. Und sie alle werden im eigenen (mißverstandenen) Interesse oder weil sie (sagen wir so) in gutem

Glauben von ihrem eigenen Irrtum getäuscht wurden, mit unterschiedlichen Mitteln die Widerstandskraft des Schriftstellers zu schwächen suchen. Sie werden zum Beispiel probieren, ihn durch Korruption, skandalträchtige Popularität, gewöhnliche Erfolge in das System zu locken oder einzugliedern, indem sie ein Idol oder einen Playboy aus ihm machen. Oder sie werden sich im Gegenteil bemühen, ihm seine Verschiedenheit vom System als Verrat oder Schuld oder Immoralität oder Moralismus oder Unzulänglichkeit erscheinen zu lassen. Sie werden zum Beispiel sagen, daß er nicht modern ist. Allerdings! Denn nach ihrer Auffassung bedeutet modern zu sein, zerfallen zu sein oder im Zerfall begriffen zu sein. Sie werden vielleicht sagen, daß er sich nicht mit ernsthaften Dingen beschäftigt, und auch nicht mit der Wirklichkeit, und das ist klar! Da das Hauptsymptom des Zerfalls, dem sie hörig sind oder an dem sie kranken, darin liegt, das Gegenteil der Wirklichkeit für die Wirklichkeit zu halten.

Wie schon gesagt, können Schriftsteller im wahren Sinne des Wortes in dem System nicht existieren; doch gibt es eine Menge Leute, die schreiben und Bücher drucken und die wir zur Unterscheidung ganz allgemein als *Schreiber* bezeichnen wollen. Manche von ihnen sind schlicht Werkzeuge des Systems: Werkzeuge allerdings von recht zweitrangiger Bedeutung im Vergleich zu anderen, etwa den Wissenschaftlern der Bombe. Die Räume, die Büros dieser *Schreiber* kann man als kleinste Nebenstellen der eigentlichen Atomanlagen betrachten.

Es muß jedoch präzisiert werden, daß die Schreiber dieses Typs sich zu einem großen Teil nicht klarmachen, daß sie dem System dienen; sie bilden sich sogar gern ein, die unheimliche und manchmal stumpfsinnige Öde ihrer Werke sei dem System und letzten Endes der Atombombe zur Last zu legen; während es sich doch genau umgekehrt verhält, wie hoffentlich nicht mehr bewiesen zu werden braucht. Dennoch sind derartige (zumindest an ihrer bewußten Oberfläche) beinahe unfreiwillige oder, sagen wir so, pessimistische Komplizen des Systems zwar verhängnisvoll, aber weniger unsympathisch als die optimistischen Komplizen. Diese Sorte Schreiber ist die schlimmste von allen. Manchmal aus totalem und wirklich entfremdetem Konformismus, manchmal aus Schmeichelei und manchmal zynisch eine eigennützige Komödie aufführend, pflegt diese Art von Schreibern das eine oder andere Gebiet des Systems des Zerfalls als höchsten Himmel der menschlichen Zivilisation zu preisen und dabei nur, in gewissen Fällen, die atomare Bedrohung zu bedauern, ja sich sogar, mit Worten, zu Propagandisten gegen die Bombe zu machen, während sie doch faktisch ihre glühenden Verfechter sind. Unter ihnen wird man auf die schlimmsten Feinde des Schriftstellers stoßen, die in äußersten Krisensituationen sogar fähig sind, ihn den Lageraufsehern auszuliefern: Sie sind in gewisser Weise schlimmer als die Aufseher selbst, die Besessene, oder besser gesagt, Verrückte sind und zudem selber mit Schande (und mit der Hölle der Angst) für ihr Tun bezahlen und sehr viel geringeren Lohn erhalten als die offiziellen Schreiber des Regimes.

Bevor wir diese Liste von Schreibern *innerhalb* des Systems abschließen, muß zuletzt noch an die massenhafte Existenz von Jüngern, Schulen oder sonstigen Gruppen erinnert werden, die jedoch alle eines gemeinsam haben: daß man ihre literarischen Produkte absolut nicht lesen kann. Man stelle sich zum Beispiel einen Planeten vor, als Bild für das System, einen Planeten, auf dem die feineren Leute schon seit längerem gewohnt sind, sich ausschließlich von Pillen zu ernähren (so daß ihr Verdauungsapparat mittlerweile geschrumpft und auf die Funktion etwa des Verdauungsapparats eines Insekts zurückgegangen ist). Dennoch verzichten sie nicht darauf, ihre traditionellen Köche zu haben, die sich allerdings anpassen müssen. Und tatsächlich sind diese *Köche*, in ihren Küchen versammelt, immer damit beschäftigt, Speisen herzurichten, keine echten Speisen, versteht sich, sondern Nachahmungen, die, nehmen wir einmal an, aus Gummi bestehen oder aus Pappmaché, oder ganz allgemein aus synthetischem Material oder noch Schlimmerem. Jedenfalls nie, natürlich, aus eßbaren Stoffen. So haben die synthetischen Kunden, die nicht essen, ihre synthetischen Bankette, wo nichts auf den Tisch kommt, was gegessen werden könnte, und Köche und Kunden fühlen sich beide befriedigt, weil hochmodern. Eigentlich ist das Phänomen ziemlich harmlos, doch wenn es bei jemandem eine leichte Irritation (literarischen oder jedweden anderen Ursprungs) hervorriefe, so würde ein Gähnen genügen, um sich von einer derartigen Unannehmlichkeit zu befreien. Und man wird sogleich zu seinen Beschäftigungen zurückkehren können.

Alle diese Schreiber treffen sich im allgemeinen nur selten mit dem Schriftsteller, und wenn er ihnen zufällig über den Weg läuft, behandeln sie ihn von Fall zu Fall und von Person zu Person auf unterschiedliche Weise: als Verfluchten, als Träumer, als Bänkelsänger, als Aristokraten, als armen Verwandten, als Revolutionär, etc. etc. Es ist leicht zu verstehen, daß der Schriftsteller im System nicht viele gleichgesinnte Gefährten finden kann. Aber der Schriftsteller ist sowieso, seinem Wesen nach, geneigt, keiner bestimmten Gesellschaft, keiner Gruppe oder Kategorie etc. anzugehören. Sein Schicksal führt ihn eher zum Abenteuer hin, doch ist im übrigen die Wirklichkeit als solche ja schon ein außerordentliches Abenteuer.

Gewöhnlich mischt sich der Schriftsteller gern

unter die verschiedensten Menschen, unter Leute von jeder Sorte und jedem Schlag. Es ist jedoch unvermeidlich, daß er unter den *herrschenden* und den *beherrschten* Klassen immer die letzteren bevorzugt. Nicht aus unmittelbar humanitären Gründen (der Schriftsteller ist nicht humanitär, sondern etwas ganz anderes: Er ist Humanist), sondern wegen des üblichen schicksalhaften Gesetzes seines Lebens. Tatsächlich wird die Herrschaft eines Menschen über einen anderen, auch wenn sie schon immer ungerecht war, nunmehr endgültig als etwas Unwirkliches anerkannt; denn die grundsätzliche Gleichheit der Menschen ist im Bewußtsein verankert (auch bei denen, die sich vormachen, sie wüßten es nicht). Und zweifellos ist auf der Seite des Herrschenden das Laster der Unwirklichkeit schwerwiegender. So stark, daß der Schriftsteller zuweilen den heftigen Verdacht (und die Hoffnung) hegt, daß der Drache selbst eine Ausgeburt dieses partiellen Lasters sei und die Beherrschten sich doch vielleicht mit ihm, dem Schriftsteller, verbünden könnten, um dem Drachen entgegenzutreten.

Dies ist der Grund, aus dem sich der Schriftsteller in der Praxis des gesellschaftlichen und politischen Lebens immer zu den revolutionären oder *subversiven* Bewegungen hingezogen fühlt, die das Ende jeder Herrschaft eines Menschen über einen anderen als ihr Ziel verkünden.

Bleibt schließlich noch zu sagen, daß der Schriftsteller die Menschen, die ihm dann wahrhaftig nahestehen, fast immer unter sehr jungen Leuten oder sogar unter Kindern findet. Nur sie erkennen nämlich die Wirklichkeit noch und sind mit ihr vertraut. Es ist ein universelles Gesetz, und schlimmer denn je im System, daß die Mehrheit der Erwachsenen mehr oder weniger von der Unwirklichkeit verseucht und daher feindselig sind.

Jedenfalls ist der Schriftsteller, besonders wenn er allmählich alt wird und seine Beine müde sind, oft allein. Er könnte sich auch aufs Land zurückziehen, aber eigentlich lebt er doch lieber in der Stadt, zwischen all den Unseligen, die herumrennen, um irgendwie den Drachen abzulenken. Also verläßt der Schriftsteller sein Zimmer und geht durch jene verdammten Straßen, wo Verkehr und Lärm ihn verscheuchen und ihn ab und zu die Versuchung überkommt, sich in ein Altersheim zu verkriechen und dort sein Leben zu beschließen. Doch an manchen glücklichen Tagen widerfährt es ihm, daß er mitten im Verkehr an eine Geschichte oder ein Gedicht denkt, die er schreiben will; dann hört er den Lärm nicht mehr und geht zerstreut, auf wunderbare Weise, zwischen Tausenden von Autos dahin, ohne überfahren zu werden. Also könnten wir scherzhaft sagen, daß er sogar die Prüfung der indischen Heiligen bestanden hat, die sich die Fähigkeit aneignen müssen, inmitten des Trubels und

Handels im Tempel zu beten, sozusagen der religiösen Stille in ihrem Innern zu lauschen.

An dieser Stelle fällt mir ein, was der Meister der Poesie Umberto Saba sagte: daß in jedem Dichter auch ein Kind stecke, das dann mit dem Erwachsenen zusammenlebe und sich wundere, was dem Erwachsenen widerfährt. Es wundert sich, aber, so erlaube ich mir hinzuzufügen, es amüsiert sich auch. Zu seinem Glück amüsiert es sich bei dem wahnsinnigen und verzweifelten Kampf mit dem Drachen auch ein wenig.

Doch welche Art Roman oder Poesie wird unser Schriftsteller letztlich schreiben müssen, um, wie die Zeitungen es nennen, seinen Kampf zu bestehen? Die Antwort ist einfach: Er wird, ganz ehrlich, schreiben, was er will. »Den Dichtern«, sagte wiederum Umberto Saba, »bleibt, ehrliche Poesie zu machen.«

Es würde jedoch genügen, Poesie zu sagen, denn wenn es sich um Poesie handelt, kann sie nur ehrlich sein. Ein Dichter, sofern er wirklich einer ist, kann nicht umhin, ehrlich zu sein. Wie die Geschichte gezeigt hat, kann er durchaus häßlich, mißgebildet sein; privat kann er die schlimmsten Laster haben: ein Säufer sein, ein *Tunichtgut*, wie man in Neapel sagt. Er kann schmutzig sein, sogar stinken. Das ging und geht schon immer nur ihn etwas an. Als Schriftsteller aber muß er diese notwendigen Bedingungen einhalten: Aufmerksamkeit, Ehrlichkeit und Uneigennützigkeit. Alles andere ist Literatur. Ach ja, apropos, welche Art Sprache soll er wählen? Dialekt, Industriesprache, welche Koine? Welchen Stil, welche Semanteme, welche Schriftart? Für oder gegen Großbuchstaben? Für oder gegen Interpunktion? Ach, laßt ihn schreiben, wie er will, er war doch immer der erste Erfinder von Sprache! Warum sollte man einen Menschen jetzt mit derartigen Problemen belästigen (die, wenn überhaupt, die Sprachwissenschaftler, die Philologen und dergleichen interessieren?). Hier geht es um für oder gegen die Atombombe! Gegen die Atombombe gibt es nur die Wirklichkeit. Und die Wirklichkeit braucht keine vorgefertigte Sprache: Sie spricht von allein. Sogar Christus hat gesagt: Sorgt euch nicht darum, was ihr sagen werdet oder wie ihr es sagen werdet. Es ist die Wirklichkeit, die den Worten Leben verleiht, und nicht umgekehrt.

Und was ist die Wirklichkeit? Das hat uns gerade noch gefehlt! Wenn einer mir diese Frage stellt, ist es klar, daß er kein Leser von mir ist. Ich habe in diesen Jahren in Essays, Artikeln, Antworten auf Umfragen und so weiter um den Preis, besessen zu erscheinen, nichts anderes getan, als über dieses Thema zu sprechen, will sagen, das Thema, mehr oder weniger, das auch der Sinn dieses Vortrags ist. Und ich versuchte zu erklären, was die Wirklichkeit ist; doch leider bezweifle ich, daß es mir gelungen ist, denn es ist eine Sache, die man erst versteht, wenn man sie erfährt, und dann bedarf es dazu keiner Erklärungen. Einmal fragte ein Schüler einen alten orientalischen Weisen: »Was ist der Bodhidharma?« (Was ungefähr das Absolute oder so ähnlich bedeuten würde.) Und der Weise antwortete ihm prompt: »Der Strauch am Ende des Gartens.« »Und wenn einer diese Wahrheit verstünde«, fragte der Junge zweifelnd weiter, »was wäre er dann?« – »Er wäre«, antwortete der Alte und versetzte ihm einen Schlag auf den Kopf, »ein Löwe mit einer goldenen Mähne.«

# Beato Angelico,
# Propagandist des Paradieses

Eine seiner Besonderheiten ist, daß er drei verschiedene Namen hat. Der erste (sein amtlich eingetragener Name) lautet Guido di Pietro: im vertrauten Kreise abgewandelt zu Guidolino (vielleicht weil er, zumindest als Bub, schmächtig heranwuchs und klein von Gestalt? Aus ähnlichen Gründen wurde einer seiner Väter, der Dominikaner Pierozzi Antonio, zu Antonino und später Sankt Antonino).

Den zweiten Namen, Giovanni da Fiesole, nahm er im Augenblick seiner religiösen Berufung an: wahrscheinlich in der bewußten Absicht, einen anderen seiner Väter zu ehren, den Dominikaner Giovanni Dominici; doch vielleicht war die Wahl auch ganz unbewußt und aus anderen Gründen notwendig, wie man noch sehen wird.

Diese beiden Namen gehören zu seiner Geschichte; den dritten aber, *Beato Angelico*, hat er, als Lebender wie als Toter, durch die volkstümliche Legende erhalten. Und nicht von ungefähr war es gerade diesem letzten Namen bestimmt, sein bekanntester zu werden, der ganzen Welt geläufig und vertraut.

Die Legende von Beato Angelico will in ihm nicht zuerst den Maler sehen, sondern vor allem den Heiligen, und die modernen Kritiker, darauf bedacht, ihm einen objektiven Platz in der Geschichte zuzuweisen, arbeiten daran, bestimmte hinderliche Züge seiner Legende von ihm abzustreifen. Doch ich kann mich, wie das Volk, mit einem solchen Verfahren nicht anfreunden, auch wenn ich bekennen muß, daß eben jener überirdische Heiligenschein für mich zuerst wie Säure war, die bestimmte abweisende Vorurteile über den Beato in mir hervorgerufen hat.

Meine Heiligen in der Malerei trugen in Wirklichkeit andere Namen: zum Beispiel Masaccio, Rembrandt, Van Gogh. In der Tat geben sich die Heiligen der Kunst mir zu erkennen, weil sie an ihrem Leib die gewöhnlichen Zeichen des mütterlichen Kreuzes tragen, des Kreuzes, an das wir alle genagelt sind. Nur dadurch, daß sie in sich selbst bis zur Auslöschung das allgemeine Blutbad gesühnt haben, haben ihre Körper, im Unterschied zu unseren, die lichte Farbe des Heils annehmen können. Von ihm jedoch, von Beato Angelico, würde man sagen, daß er schon mit seinem lichten Körper geboren wurde.

Von Künstlern wie von Heiligen verlangen wir die schwierige Barmherzigkeit, auf unsere verzweifelten und wirrsten Fragen zu antworten. Doch nur manche von ihnen scheinen uns eine Antwort zu versprechen, als unsere Verwandten, die jenseits aller Grenzen und zeitlichen Daten in unserer eigenen Muttersprache zu uns sprechen. Andere weichen uns aus, behandeln uns wie Fremde: Ein solcher war für mich (von meinen ersten herben Fragen an) der Maler Beato Angelico. So sehr, daß es mir heute, von dem gegenwärtigen Punkt aus, an dem ich mich befinde, beinahe wie eine Science-fiction-Reise vorkommt, an die Zufluchtsorte zurückzukehren, wo er selig weiterlebt.

Meine (unsere) armselige Muttersprache ist im deformierenden Betrieb der verkommenen Städte gewachsen, zwischen den schleichenden Kämpfen der Versklavungsmechanismen und den widerwärtigen, beständigen Versuchungen der Häßlichkeit. Da sie als auferlegte Doktrin – als Kanon ökumenischen Glaubens – die düsteren Schriften des technologischen Fortschritts, die obsessiven Botschaften der Ware und die gespenstischen Verkündigungen des industriellen Jerusalems erhielt, hat sie sich abgewendet, um sich ihre Heilsbilder im Ausschluß aus jeglicher Kirche zu suchen. Und da sie seit ihrer Kindheit gezwungen war, mit den obligatorischen Jargons der kollektiven Irrealität Umgang zu pflegen, mußte sie sich einen neuen, eigenen Wortschatz erfinden, ihn womöglich aus einem exotischen Vokabular ausgraben, das für ihre Zeitgenossen unentzifferbar war – und sie mußte ihren Schatz gar aus deren Unrat ergänzen statt aus ihren Läden.

Wie kann also eine in meinem, in unserem Zustand jene selige und engelhafte Sprache – *beata e angelica* – ich sage nicht verstehen, aber doch verzeihen? Vielleicht ist an meinen Widerständen gegen den Maler Beato Angelico vor allem mein Neid schuld. In Wirklichkeit hat *beato*, selig, für mich hier weniger die Bedeutung von *santo*, heilig, sondern klingt mir vielmehr wie *fortunato*, vom Schicksal begünstigt, oder *beato lui*, der Glückliche.

Zum Beispiel. Auch uns täte es gewiß gut, zusätzlich zu unserem natürlichen Vater noch einen Vater der Weisheit zu kennen, lebendig oder verstorben, den wir um Rat fragen könnten. Doch leider gelingt es uns hienieden nicht mehr, die Stimmen der Verstorbenen durch dieses atomare Getöse hindurch zu vernehmen, das uns schier taub macht. Und die der Lebenden sind ihrerseits zu laut, um unser Vertrauen zu verdienen. Die Weisen machen in aller Regel nicht so viel Lärm.

So sind wir hier, heute, allesamt Waisenkinder. Während Guido di Pietro dagegen viele solcher Helden-Väter hatte, und zwar lauter Heilige oder Selige, und lauter Dominikaner. Zusammen mit den beiden schon Erwähnten, die mit ihm lebten und seine Landsleute waren, soll es genügen, von den Verstorbenen noch Domenico di Guzman zu nennen, der von Dante wegen seiner Weisheit in die Nähe der Cherubim gerückt wurde; und Thomas von Aquin, genannt Doctor Angelicus, welcher sein Leben damit verbrachte, die Wirklichkeit Gottes mit den Lehren des Aristoteles zu beweisen, sonst jedoch so wenig redete, daß er den Spitznamen *Stummer Ochse* erhielt.

In den Schriften des Doctor Angelicus steht zu

lesen: *Nichts ist im Intellekt, was nicht zuvor in den Sinnen gewesen wäre.* Und natürlich haben sich die vom Schicksal begünstigten Augen des Guidolino di Pietro gleich beim erstenmal auf einen Anblick geöffnet, in dem er unverzüglich ein sinnlich wahrnehmbares Modell des Paradieses erkennen konnte.

Ein gemeinsames Privileg der damaligen Erdenbewohner, sogar (beinahe bis gestern) aller Erdenbewohner der Vergangenheit, war dieses: Die Häßlichkeit (die eigentlich bedeutet: *Verneinung der Wirklichkeit* oder, wie man heute sagen würde: völlige *Entfremdung* vom Geist und von der Natur) hatte noch nicht Fuß gefaßt auf der Erde. Alle anderen möglichen Übel, die es von Anbeginn auf Erden gibt: Konflikte, Verwüstungen, Krankheit, Tod, liegen ja im Wesen der Natur, sind Bewegungen der Tragödie der Realität. Die Manifestation der Irrealität, also der Häßlichkeit, ist ein Ungeheuer der jüngsten Zeit.

Doch obgleich diese schmutzige Erfahrung, unser heutiger Fluch, unseren Vorgängern auf Erden überall und immer erspart blieb, ist gewiß, daß der historische Augenblick und der geographische Ort, die Guidolino vom Schicksal zugewiesen wurden, den Punkt der Auserwähltheit und das strahlende Zentrum einer solchen beneidenswerten Gunst darstellten. Man kann behaupten, daß die glücklichen Augen von Guidolino nie etwas Häßliches erblickten. Und was die unvermeidliche Anwesenheit des Bösen betrifft, so hatte er dafür die Erklärung von seinen geistlichen Vätern.

Dank ihnen war für Guido di Pietro alles klar: Das Böse besteht auf der Welt, weil diese nichts ist als eine untere Station des Kosmos; sie ist sogar seine vorletzte Niederung, denn gleich unter ihr befindet sich die Hölle. Anders als diese letztere unterhält jedoch die Erde durchaus Beziehungen zum Himmelreich, das ihr regelmäßig seine Boten sendet und für diese besondere Aufgabe die Engelsorden der dritten Kategorie gegründet hat: Engel, Erzengel und Fürstentümer.

Über der irdischen Niederung und ihren Abhängigkeiten erstreckt sich über den ganzen Kosmos durch seine aufeinanderfolgenden Höhen die einzige himmlische Nation, aufgeteilt in neun Regionen oder Sphären, die immer erleuchteter und vollkommener sind, je höher man emporsteigt. Von der ersten Grenzsphäre, dem Mond, steigt man auf zu Merkur und zu Venus und zur vierten Sonnensphäre, und von hier erreicht man über Mars, Jupiter und Saturn den Himmel der Fixsterne und den ersten beweglichen Himmel. Diese unendliche Sternennation wird von den Engeln der zweiten Kategorie bewohnt und regiert: Mächten, Kräften und Herrschaften. Und den drei Graden der ersten Kategorie schließlich: Thronen, Cherubim und Seraphim, sind die höchsten Ämter des Empyreums anvertraut, Gipfel des Universums, wo das Haus Gottes steht.

(N. B. Keine irdische Wissenschaft wird je annehmen können, diese Astronomie wirksam anzufechten. Wahrlich, wie schon die ersten Kosmonauten, die auf dem Mond landeten, werden auch die weiteren, künftigen Weltraumfahrer vom Mond zum Mars und zum Jupiter irren, ohne dort je etwas anderes zu entdecken als menschenleere Wüsten. Doch bedeutet dies in Wirklichkeit nur, daß *sie* sie für wüst und leer halten werden: Denn die unabsehbaren und dicht bevölkerten Bauten der Mächte, Kräfte und Herrschaften sind mit unseren optischen Instrumenten nicht erkennbar.)

Und so hat die Menschheit, gemeinsam mit ihren Gefährten, den armen Tieren, die allerniedrigste Herberge des Kosmos verdient: dort, wo sich nur ein Stockwerk tiefer der Keller der Verdammten befindet. Es war logisch, daß sich, bei solcher Nähe, das Böse auch auf der Erde einnisten würde. Doch zum Ausgleich (versichern die Väter) hat der Mensch eine Gabe erhalten, die ihn vor den niedrigen oder verdammten Geschöpfen auszeichnet und ihn zu den Engeln zurückbringt.

Es ist die Gabe des Verstandes. Und mit seiner Hilfe kann der Gedanke aus der irdischen Niederung in alle höheren Sphären bis hin zum Empyreum, zum obersten Himmel, aufsteigen. Die uns nächstgelegene Sphäre, den Mond, und die nachfolgenden bis hin zu den Fixsternen, kann man ja sogar, auch in Vicchio, bei nachtklarem Himmel mit bloßem Auge erkennen. Aber auch vom obersten Sitz, dem Empyreum, dem unsichtbaren Paradies, gibt es auf Erden ein sichtbares Zeugnis, nämlich das Licht: Es ist kein irdischer Stoff, sondern eine dem Himmel eigene Qualität, die den bestehenden Dingen so die wesentliche körperlose Eigenschaft verleiht, nicht als Wirkung auftretend, sondern die Ursache bedeutend. Guido di Pietro hat sich an dem Tag, an dem er die Augen öffnete, sogleich in das Licht verliebt. Es ist eine glückliche Liebe, und sie wird erwidert, denn das Licht erwartet ihn jeden Tag, erklärt ihm, mit der Erscheinung der Farben, die Gegenwart der ersten Liebe in allen Dingen und vertraut ihm dann, zum Zeichen ihrer gegenseitigen Zuneigung, das große Geheimnis der Kunst des Sehens an. Das Rüstzeug für seine Arbeit wurde Guidolino als ein Unterpfand der Vereinigung mit dem ersten Licht in die gehorsamen Händchen gelegt. Und eine solche Vereinigung wird von der Autorität der Väter durchaus gebilligt, da sie der Propaganda des Paradieses dienen kann. So hat Guido di Pietro seinen Beruf entdeckt. Er ist ein Maler im Dienst der Propaganda.

Seine noch lebenden Väter (Dominici und Pierozzi) lehren ihn, daß die Propaganda das einzige erlaubte Ziel der Kunst ist. Allerdings ist eine solche totalitäre Weisung schon leicht ins Wanken geraten unter dem Ansturm der Weltrevolution, die inzwischen mit wunderbarem Aufruhr rings um sie heranwächst. Diese Revolution (sie stand damals noch ganz am Anfang) ist dieselbe, die dann mit zunehmender Reife so weit gehen wird, das ahistorische Paradies anzuzweifeln und ihm die Geschichte entgegenzuhalten, für die einzig und allein der endgültig sterbliche Mensch (und nicht die hypothetische unsterbliche Seele) als Hauptakteur verantwortlich ist. Sein einziges versprochenes Reich ist die Erde, und zur Nutzung dieses konkreten Reiches bedarf es mehr als der Philosophie, der Wissenschaft. Die Kunst dient dann dazu, es zu verherrlichen und sich selbst zu verherrlichen.

Hat Guido di Pietro an der Revolution teilgenommen? Und falls nicht, muß man ihn dann als Reaktionär behandeln? Dieses Problem, das später die Kritiker umtreiben wird, kann den begnadeten Beato Angelico nicht beirren. Für ihn werden alle möglichen Revolutionen niemals etwas anderes darstellen können als Kompromisse und ungefähre Annäherungen an die wahre, totale Revolution, die schon ein für allemal in Galiläa bestimmt wurde. Im eigentlichen Bereich der Malerei hat er seine große Revolution schon eingeleitet, denn bis zu ihm war das Licht, obzwar notwendigerweise die Quelle der Malerei, nicht ihre Askese und ihr Gegenstand gewesen. Und was die neue Wissenschaft der Maler seiner Generation betrifft, erlernt er sie natürlich: Er bedankt sich sogar bei seiner ersten und einzigen Liebe, dem Licht, weil es ihm durch sie gewisse wunderbare Kenntnisse vermittelt. Er weiß, daß diese seine revolutionären Gefährten zu Werkzeugen des Lichts bestimmt sind, wie er. Der einzige Unterschied zwischen ihm und ihnen: Er kennt die letzte Bestimmung, die das verliebte Licht ihm verheißen hat. Und er will sie nicht aufhalten.

Aufmerksam, jedoch sich der Gefahr bewußt, wie Odysseus im Meer der Sirenen. Und deshalb hat auch er beschlossen, sich mit Tauen an sein Schiff zu fesseln. »Die Unterweisung und das Gebet«, lehrt ihn sein Meister Antonino, »sind wie zwei Flügel, die die Seele stets im Himmel schweben lassen und ihr nie gestatten, sich auf der Erde, das heißt, aus Zuneigung und Begierde auf irdischen Dingen niederzulassen. Und ebenso wie die Vögel nicht mit einem Flügel durch die Luft fliegen können, ist es der Seele fast unmöglich, Gott vollkommen zu genießen ohne Unterweisung: Die eine hilft dem anderen, und die heilige Betrachtung weist ihr den rechten Weg...«

Es ist nicht ausgeschlossen, daß sogar der selige Beato Angelico ähnliche Konflikte gekannt haben könnte wie wir... Doch wo finden wir, hier und heute, ein verläßliches Schiff, an das wir uns binden könnten, damit wir nicht die Richtung verlieren?

Hier sieht man weit und breit nur kleine Nachen oder Kähne, die steuerlos dahintreiben, leck oder schon halb gesunken, oder Handelsschiffe oder Piratensegler, oder Sträflingsgaleeren. Auch die Raumschiffe mit Raketen- oder Atomantrieb oder wie auch immer, die uns sogar Lichtgeschwindigkeit versprechen, erweisen sich in Wirklichkeit dann als bombastische Karren, die uns weiterhin in unserer gewohnten Herberge auf dem Dach der Hölle festhalten. Wer wird hier diejenigen verdammen können, die sich den Sirenen in die Arme werfen oder sich bei ihrem Gesang die Ohren zuhalten, so wie die nicht beneidenswerten Gefährten des Odysseus? Der glückliche Beato Angelico aber (wieder hat er Glück) brauchte nur zwei Schritte zu tun. Das Schiff seines Vertrauens lag da vor Anker und erwartete ihn: das Kloster des heiligen Domenico von Fiesole, gegründet von seinem geistlichen Vater Padre Dominici und geleitet von seinem geistlichen Vater Padre Pierozzi. Mitten im Grünen, der Farbe der Auferstehung und der Ruhe, und im tiefen Blau, der Farbe der Geburt.

Es geschah, als er sich dort vorstellte, daß er seinen wahren Namen entdeckt hat. Wie jener geheißen hatte, der gesagt hatte: *Ich bin nicht das Licht, aber ich bin gekommen, um Zeugnis abzulegen über das Licht?* Johannes – Giovanni: Dies ist sein wahrer Name! Guidolino war nur ein Spitzname.

Frate Giovanni da Fiesole.

Die Kunstwerke zu Propagandazwecken sind ein Wahrheitsserum. Ist die Propaganda spontan und ehrlich gemeint, werden sie schön. Wenn nicht, werden sie abscheulich.

Auch in der modernen Zeit hat es manche Fälle von spontaner Propaganda gegeben. Da ist zum Beispiel der Dichter Majakowskij, der an die Ware glaubte, die er anpries. An dem Tag, an dem er nicht mehr daran glaubte, hat er es vorgezogen, sich umzubringen.

Nach ihm hat die heutige Propagandakunst im allgemeinen Ausgeburten an Häßlichkeit hervorgebracht. Ein Zeichen dafür, daß die Gegenstände unserer Propaganda größtenteils verfälscht sind und die Propaganda erzwungen oder eine Pflichtübung. Wir haben nicht gesehen, und wir glauben nicht.

*Selig die, die nicht sahen und glaubten.* Selig auch deshalb, weil sie in demselben Augenblick, in dem sie WAHRHAFTIG glaubten, auch sahen.

Frate Giovanni da Fiesole, der Propagandist des Paradieses, hat immer daran geglaubt. Und deshalb war es ihm vergönnt zu sehen. Das einzige Licht hat ihm durch die Abstufungen der Farbskala nicht nur das eigene göttliche Wesen gezeigt, sondern auch die unterschiedliche Qualität der Körper, die mehr oder minder bereit sind, es zu empfangen. Die himmlischen Geschöpfe sind absolut durchsichtig, weshalb das Licht sie mit seinem ganzen Wesen, nicht in der Farbskala gebrochen, erfüllt. Aus diesem Grund auch kann der Gesichtssinn sie nicht wahrnehmen, obgleich die drei Orden der dritten Engelskategorie: Engel, Erzengel und Fürstentümer, gewöhnlich auf der Erde wandeln.

Nur in gewissen außerordentlichen Fällen sind sie, wie in der Heiligen Schrift nachzulesen, sichtbar geworden oder haben sich gar, wie Gabriel bei der Verkündigung an Maria, in ihrer Einzigartigkeit zu erkennen gegeben (es ist bekannt, daß die Engel, da sie sich ihrer Natur entsprechend nicht fortpflanzen, jeder der einzige seiner eigenen Art sind).

Man kann denken, daß Christus als menschgewordener Gott stets, auch auf der Erde, von seinem reinen Licht begleitet wurde. Aber nur einmal wurde es sichtbar: für die Apostel auf dem Berg Tabor.

Die Legende erzählt, daß der engelgleiche Beato Angelico kniend malte. Und einige Kritiker haben sich später, angesichts des Geheimnisses gewisser Lichter auf seinen Bildern, gefragt: Ekstase oder Wissenschaft? Doch hier könnte vielleicht der Doctor Angelicus für ihn antworten. Dieser gestand seinem Freund Reginaldo eines Tages, nach einer seiner letzten Messen: »Ich kann nicht mehr schreiben. Ich habe Dinge gesehen, im Vergleich mit denen meine Schriften nichts als Stroh sind.«

Doch ist die Kunst, selbst wenn sie geheiligt ist, eine unwiderstehliche Versuchung, und unser Beato Angelico hat, da er kein Doktor der Kirche, sondern ein geborener Maler war, seine geliebte Kunst bis an sein Ende ausgeübt. Ob er die Visionen der Ekstase kennenlernte, ist ein Thema, bei dem stille Zurückhaltung geboten ist, es ist nicht statthaft, ihn darüber zu befragen. Nur eine Frage sei uns dennoch erlaubt: »Wie konnte er, da sich doch das den himmlischen Geschöpfen eigene Licht (nur wenigen in der ekstatischen Vision offenbart) nicht in der sichtbaren Farbskala bricht, in der Malerei Christus und Maria im Glorienschein, die Engel und die Heiligen im Himmel darstellen?«

Auch hierüber gab ihm sein Meister Antonino Auskunft: Er erklärte ihm, für die Kirchen mache man »die frommen Gemälde ... die in den Dekretalien *libri degl'idioti*, Bücher der Ungebildeten, genannt werden: Denn da sie nicht lesen können, wird der Glaubenseifer für sie bildlich dargestellt... damit die Seele erwacht und ihm nachfolgt...«

Doch müßte man daraus nun schließen, daß er das *libro degl'idioti* als Propagandatrick benutzte, nachdem er im Buch der unaussprechlichen Intelligenzen gelesen hatte? Absolut nicht. In der Tat stand ja an erster Stelle das Wort des Doctor Angelicus: *Wissenschaft mit Barmherzigkeit.* Und dann war in Giovanni da Fiesole immer noch Guidolino lebendig und nach wie vor wahnsinnig und unheilbar in seine erste Liebe verliebt: das sinnlich wahrnehmbare Licht eines jeden Tages.

Eines seiner ersten Gemälde und das wahre Manifest seiner Propaganda ist das *Jüngste Gericht* gewesen, auf dem den *idioti*, den Ungebildeten, die endgültige Entscheidung zwischen der höllischen und der himmlischen Einwohnerschaft mit einem blendenden Dokument vor Augen geführt wird. Das Reich des Bösen ist eine Schenke von Kannibalen, die ohne andere Beleuchtung als den Schein ihrer ruchlosen Feuer in ihrem Keller eingemauert sind. Die Republik des Guten dagegen ist ein morgendlicher Tanz im Freien, auf einer schönen Wiese, von wo aus man über ein fiesolanisches Hügelchen zu der strahlenden kleinen Pforte gelangt, die zu den Gemächern des Lichts (dem Feenpalast sehr ähnlich) führt.

Die Farben sind ein Geschenk des Lichts, dessen sich der Körper bedient (wie die Musik der Instrumente), um sein unsichtbares Fest in irdische Epiphanien zu verwandeln. Die *Krönungen*, die *Altäre*, die *Majestäten* sind die Hymnen des Malers zu Lob und Preis jenes Festes. Man weiß, daß in den Augen der *idioti* (der armen wie der reichen) die Hierarchie der Herrlichkeiten im Zeichen des Goldes gipfelt. Für diejenigen, die die wahre, innerste Alchimie des Lichts nicht kennen, sind die irdischen

Bergwerke der Ort des verborgenen Schatzes. Und so setzt dieser Maler des Bettelordens Mutter und Kind wie zwei Götzenbilder auf goldene Throne in Räume mit Goldverkleidung, Marmorfußböden und orientalischen Teppichen, um ihre unwissenden Augen zu begeistern. Mit bezaubernder Feinheit bestickt er die Gewänder der Engel und kämmt ihre Haare mit der Sorgfalt einer aufmerksamen Schwester.

Doch erlangen auch solche Eitelkeiten und Handelswaren bei der Arbeit für ihn wieder die uneigennützige und unschuldige Natur, die den lichten Körpern eigen ist. Seine Engel sind keine herausgeputzten Püppchen, wie der törichte Olindo Guerrini glaubte (es genügt, seine Gedichte zu lesen, um festzustellen, was für ein Dummkopf er war), sondern sind, ganz im Gegenteil, entstanden, so wie die Blumen erblühen, ihre Locken und Federn waren schon geordnet und ihre eleganten Gewänder von keinem Arbeiter gewebt oder genäht (»Sehet die Lilien auf dem Felde ...«).

Keine rhetorische Verderbtheit, keine bigotte Salbung verunstaltet seine verliebten Gebärden. Im Mißverständnis der falschen Religionen oder der »schönen Epochen« hat man versucht, ihn zu eigenen Zwecken zurechtzustutzen, indem man ihn zum »Heiligenbildchen« oder zum Einrichtungsgegenstand degradiert hat. In Wirklichkeit aber werden seine Geschenke der Epiphanie, die er eigenhändig hergestellt hat, direkt ins Haus des Lichts geliefert, wohin vulgäre oder verblendete Augen nicht gelangen.

Außer Manifesten und Hymnen braucht man zur Propaganda »in Szene gesetzte« Epen, um das Volk, gläubig oder wankelmütig, mit den Unternehmungen seiner Helden zu rühren. In der Welt des glücklichen Beato Angelico gab es noch nicht die Industrie der Massenmedien mit ihren wahnwitzigen Völkermorden. Das sakrosankte, kostbare Eigentum der *idioti* – ihre wunderbare Kultur, die Volksdichtung – ist in jenen Tagen ein lebendiges, atmendes Geschöpf voller Anmut und Gesundheit. Die außerordentlichen Geschichten, die sie dem (vom Schicksal begünstigten) Beato Angelico liefert, künden von der vollkommenen Wirklichkeit der Natur, und sie ist wahrer als jede historische »Wirklichkeit«. Die Predellen der Altäre, der Tabernakel und Tafelbilder sind für unseren Geschichtenerzähler wie eine Bühne, ja geradezu der erlesenste *Farbfernseher*. Hier zeigen die farbigen Partituren des Lichts vertrautere, singbare Variationen. Ein winziges Volk kleiner Handwerker, Soldaten und Kaufleute tummelt sich auf den Marktplätzen der Berufungen, Errettungen und Martyrien. Die Szenen der *Darbringungen* und der Wunder spielen in kleinen florentinischen Kreuzgängen und Höfen, harmonischen Terrassen, toskanisch oder flämisch eingerichteten Kämmerlein.

Das Haus auf dem Gemälde der *Heimsuchung Mariä* schaut auf den Trasimener See.

All dies (Manifeste, Hymnen, Schauspiele) ist *engagierte* Sozialarbeit, den Kirchen geschuldet, den Signorie, den Gesellschaften, kurz, dem Publikum der *idioti*: denselben, denen Christus das Licht in Gleichnissen erklärte, weil ihr Geist auf die Dimensionen von Raum und Zeit beschränkt ist. Für die *idioti* in ihrer Sprache predigen, eine Freiheit, die jenen Dimensionen nicht innewohnt und die man nicht mit den Termini irgendeines Lexikons erklären kann: Dies ist die *Anwesenheit* in der Welt, die das Beispiel des Evangeliums lehrt. Die Heiligkeit als Handlung und die Kunst als Gebet verbinden sich in diesem Paradox: von den gewöhnlichen Grenzen losgelöst sein und sich doch innerhalb dieser Grenzen bewegen. Und ein solches Paradox von Abwesenheit–Anwesenheit wird von Beato Angelico, dem Engelsgleichen, doppelt erlebt: Denn er ist Künstler, und er ist Mönch.

Für die Dichter ist der Ort der *Abwesenheit* die Lyrik, wo das Gespräch nicht mehr mit der Außenwelt stattfindet, sondern mit einem anderen inneren Ansprechpartner, dem letzten und unzugänglichen Ort des Gefühls oder des Geistes. Für den Künstler Beato Angelico hat sich dieser Ort, diese Zufluchtsstätte im Kloster San Marco verkörpert, das ihn einen großen Teil seines Lebens beherbergte, zuerst als Mönch und später als Prior. Und dort, in seinem Haus – wo jedes zum Schlafen bestimmte Kämmerchen auch die der Meditation geweihte einzelne Zelle war, und wo jede Mahlzeit im gemeinsamen Refektorium das Opfer des Brotes und des Weins wieder lebendig werden ließ –, hat der ins Licht Verliebte seine geheimnisvolle Zwiesprache mit dem Licht auf die Mauern gemalt. Die Fresken von San Marco sind die Gedichte von Beato Angelico: derart, daß er sie (sozusagen) mit geschlossenen Augen malen konnte, denn diesmal hat ihm nicht der Gesichtssinn die Farben nahegebracht, sondern sie kamen aus der Erinnerung, die ein weiteres Zeugnis des Lichts ist. In der Abwesenheit aus der Zeit und dem Raum ist alles Erinnerung: das gegenwärtige Ereignis, das, was schon geschehen ist, und das, was noch geschehen soll. Und so hat sich der Maler in jenen anonymen Fresken (die Eigenhändigkeit zählt nicht bei der Kunst als Gebet) an die freudigen, schmerzlichen und ruhmreichen Wunder *erinnert*: an die Verkündigung Mariä, an die Geißelung und die Grablegung Christi, an die Begegnung von Magdalena mit ihrem auferstandenen Rabbi und an den Heimflug ins Vaterland, den allerhöchsten Himmel. In der endgültigen Einheit der Gegensätze Abwesenheit–Anwesenheit ist alles schon gewesen, muß alles noch geschehen. Und dort nähern sich die Körper endlich jener absoluten *Durchsichtigkeit*, in der sich das Licht in seinem Wesen unverfälscht enthüllen wird.

Jedoch ist es Frate Giovanni nicht bestimmt, bei der Lyrik zu verweilen; Giovanni da Fiesole ist ein Maler der Renaissance, er ist Katholik und Dominikaner, und um sein fünfzigstes Lebensjahr ruft der Papst ihn nach Rom. So ist unser Guidolino in seiner weißen Kutte mit dem schwarzen Umhang von Vicchio, dem Dorf seiner Geburt, an den päpstlichen Hof gekommen, wo ihn, anstelle der *Legenda aurea* seines Mitbruders Jakobus, die Geschichte erwartet. Die Auseinandersetzung mit der Geschichte ist eine weitere notwendige Prüfung, die die *Anwesenheit* in der Welt den Künstlern und Mönchen, die nach der Tat streben, abverlangt. Und bei dieser Auseinandersetzung verdrängt der große Giovanni beinahe aus seinem Innern die unfehlbare Präsenz des kleinen Guidolino mit seinen allerersten Gärten, ebenso wie die Sehnsucht nach der Intimität des Klosters San Marco. Er befragt nicht mehr die Lichter der Natur und der Erinnerung, sondern die monumentalen Spiegel des alten Klassizismus und des neuen Humanismus: Er paßt sein Liebeslied ihrer irdischen Eloquenz an.

Die Cappella Niccolina im Vatikan ist das historische Poem Beato Angelicos. Es sind nunmehr die letzten Jahre seines Lebens. Es bleibt ihm nicht mehr viel Arbeit zu tun.

Von seinen letzten Malereien ist uns der Silberschrank geblieben: ein Zyklus wunderbarer kleiner Geschichten, in denen das Leben Jesu erzählt wird.

Aufs neue erkennen wir in diesen Bildchen die Sprache des *libro degl'idioti*, doch schwingt in seiner volkstümlichen Redeweise eine Art verzauberten Staunens mit, als hätte Beato Angelico diesmal selbst zum *idiota* werden wollen, um das Schicksal seiner armen irdischen Brüder zu teilen: Um sich selbst in seinem Alter die schönste Geschichte der Erde zu erzählen. Hier hat seine Freundin, das Licht, ihm mit einer Art unvergleichlichen Humors zugelächelt: im roten Mäntelchen des Kindes, unterwegs auf dem Esel nach Ägypten; in den Schmetterlingsflügeln des Erzengels Gabriel; und im Körper des winzigen Jesuskindes, das mit gespreizten Beinchen dem gerüsteten Priester zur Beschneidung hingehalten wird. Seine Gefährtin, das Licht, hat ihm das Verhör vor Pontius Pilatus in Nachsicht getaucht; sie hat ihm den Kindermord von Bethlehem zu einem Märchen von Menschenfressern geraten lassen, so wie eine Großmutter eine Schreckensgeschichte mit glücklichem Ende erzählen würde; und um ihm das Abendmahl zu erleuchten, hat sie ihm eine Decke mit blauem Gewölbe skizziert, als befände sich jener kleine Raum der Abschiedsmahlzeit schon in einem anderen Jerusalem, jenseits der Fixsterne.

Das Schicksal des Malers ließ ihn nicht in seinem florentinischen Zuhause, dem Kloster San Marco, sterben, sondern in Rom, das ihm wie ein fernes, fremdes Land erscheinen mußte. Er ist in der römischen Kirche der Minerva begraben, und hier, in seinen Grabstein gehauen und derzeit von einer elektrischen Glühbirne beleuchtet, kann man sein letztes Bildnis sehen. Gewiß, er sieht darauf ganz anders aus als auf dem einzigen anderen Bild von ihm, das ich kenne, auf dem Luca Signorelli ihn mit heldenhafter Emphase dargestellt hat. Doch kann man in den fast bäuerlichen Zügen dieser armen Totenmaske eines kranken alten Mannes besser, würde ich sagen, die mütterliche Schrift seiner drei Namen entziffern: Beato Angelico, in der Aufmerksamkeit; Giovanni, in der Disziplin; und Guidolino, in der fragenden Erwartung jenes versprochenen liebenden Lichtstrahls, der sich nicht im Spuk des Sichtbaren bricht.

Die hier versammelten Texte wurden von Elsa Morante in den Jahren zwischen 1950 und 1965 in Wochenzeitungen und Zeitschriften veröffentlicht. Der letzte Aufsatz erschien 1970 als Vorwort zu dem in der Reihe *Classici dell'Arte* bei Rizzoli veröffentlichten Band über Beato Angelico.

Die sieben Artikel der ersten Abteilung erschienen in der Kolumne *Rosso e Bianco* der Wochenzeitung *Il Mondo* im Winter 1950/51, und zwar am 4. und 18. November, am 2., 16. und 30. Dezember 1950 und am 13. und 27. Januar 1951. In unserer Ausgabe haben wir sowohl die ursprüngliche Anordnung der Texte als auch die chronologische Abfolge respektiert.

Der Artikel über Saba erschien in den Mitteilungen des Verlags Einaudi im April 1957 und wurde unter Hinzufügung der wenigen einleitenden (hier kursiv gedruckten), zum Tod des Dichters geschriebenen Zeilen in der Wochenzeitung *Il Punto* vom 31. August 1957 noch einmal abgedruckt.

Der Essay über den Roman erschien in *Nuovi Argomenti*, Nr. 38–39, Mai–August 1959, als Antwort auf eine Umfrage, die in neun Punkte gegliedert war. Die Fragen lauteten:

1. Glauben Sie, daß es eine Krise des Romans als literarische Gattung gibt oder eher eine Krise des Romans insofern, als der Roman von der allgemeinen Krise aller Künste mitbetroffen ist?

2. Es ist viel vom essayistischen Roman die Rede. Meinen Sie, daß er allmählich den Platz des rein darstellenden (d. h. behaviouristischen) Romans einnehmen wird? Mit anderen Worten, wird Musil Hemingway verdrängen?

3. Die französische narrative Schule, der Butor, Robbe-Grillet, Nathalie Sarraute und andere angehören, behauptet, daß der Roman sich endgültig von der Psychologie abwende. Man müsse die Gegenstände sprechen lassen, sich an eine rein sichtbare Wirklichkeit halten. Wie denken Sie darüber?

4. Es wird Ihnen nicht entgangen sein, daß die modernen Romane immer seltener in der dritten Person und immer häufiger in der ersten Person geschrieben sind. Und daß diese erste Person immer mehr dazu neigt, die Stimme des Autors selbst zu sein (das Ich von Moll Flanders, um nur ein Beispiel zu nennen, entsprach dagegen einer dritten Person). Glauben Sie, daß man je zum Roman der reinen Objektivität nach

dem Muster des 19. Jahrhunderts zurückkehren kann? Oder denken Sie, daß der objektive Roman nicht mehr möglich ist?

5. Was halten Sie vom sozialistischen Realismus in der erzählenden Literatur?

6. Das Problem der Sprache im Roman ist vor allem das Problem der Beziehung des Schriftstellers zur Wirklichkeit dessen, was er erzählt. Glauben Sie, daß diese Sprache durchsichtig sein soll wie klares Wasser, auf dessen Grund man alle Gegenstände erkennen kann, mit anderen Worten, glauben Sie, daß der Romanschriftsteller die Dinge sprechen lassen soll? Oder glauben Sie, daß der Romanschriftsteller vor allem Schriftsteller sein soll, und sogar auf auffällige Art Schriftsteller?

7. Was halten Sie vom Gebrauch des Dialekts im Roman? Glauben Sie, daß man mit dem Dialekt alles ausdrücken kann, und sei es auch auf dialektale Art und Weise? Oder meinen Sie, daß nur die Hochsprache das Ausdrucksmittel der Kultur ist und daß der Dialekt sehr starke Grenzen hat?

8. Glauben Sie an die Möglichkeit eines nationalen historischen Romans? Oder auch eines Romans, in dem in gewisser Weise die jüngsten oder auch weiter zurückliegenden Ereignisse in Italien darzustellen wären? Glauben Sie, mit anderen Worten, daß es möglich ist, Begebenheiten und Schicksale zu rekonstruieren, die nicht rein individuell sind? Außerhalb der »historischen« Zeit?

9. Welche Romanschriftsteller haben Sie am liebsten und warum?

Die Seiten über Erotik in der Literatur erschienen in *Nuovi Argomenti,* Nr. 51–52, Juli–Oktober 1961.

Der Artikel über die Piazza Navona erschien in *Illustrazione Italiana,* 89, Nr. 2, vom Februar 1962.

Der Vortrag *Für oder wider die Atombombe,* gehalten im Februar 1965 im Teatro Carignano in Turin, im Teatro Manzoni in Mailand und im Eliseo in Rom, wurde von der Zeitschrift *Europa Letteraria* VI, Nr. 34, März–April 1965 übernommen und in *Linea d'ombra,* Dezember 1984, nachgedruckt.

Der Essay *Beato Angelico, Propagandist des Paradieses* findet sich, wie eingangs gesagt, in dem Band *Beato Angelico,* Rizzoli, Mailand 1970.

Die Texte entsprechen dem von Elsa Morante sorgfältig für den Druck vorbereiteten Manuskript. Wir haben uns die Freiheit erlaubt, in zwei Fällen Kursive anstelle der Baskerville in Anführungszeichen zu verwenden, und umgekehrt: in dem Text über Beato Angelico, bei dem wir dem Typoskript Elsa Morantes gefolgt sind, und in dem Text *Navona mia,* bei dem wir es, aus Gründen der typographischen Ausdruckskraft, vorgezogen haben, die Dialoge in Anführungszeichen zu setzen. C. G.